沖縄と差別

佐藤 優
Sato Masaru

金曜日

沖縄と差別

〈目次〉

装丁／本文レイアウト◎宮川和夫事務所

まえがき

本書は、『週刊金曜日』の連載「飛耳長目」の沖縄に関する論考などを加除修正した上で編集したものである。それにシールズ琉球共同代表の元山仁士郎さん（国際基督教大学学生）との対談が収録されている。

本書でも繰り返し強調しているが、米海兵隊普天間飛行場（沖縄県宜野湾市）の移設に伴う同県名護市への辺野古新基地建設問題の本質は、沖縄と沖縄人に対する差別だ。ただし、この差別は構造化されている。差別が構造化されている場合、差別をしている側は、差別をしているという現実を認識していないのが通例だ。そして、差別という言葉に対して、感情的な反発を覚える。それだから、差別されている沖縄側は忍耐力を持って、事柄の本質をていねいに説明していかなくてはならない。

１９５２年４月28日にサンフランシスコ平和条約が発効し、日本は独立を回復した。ただし、このとき琉球列島、奄美諸島、小笠原諸島は、米国の施政権下に置かれた。憲法をはじめとする日本国の法令が適用されない米軍の施政権下に置かれたのである。このときの米軍基地の比率は、本土（沖縄県以外の日本）が90％、沖縄が10％だった。その後、日本では反米軍基地闘争が強まる。その結果、米軍基地は、日本の憲法、法令が実行されない沖縄に移設された。普天間の海兵隊も、岐阜県と山梨県から移設されたものだ。

１９７２年５月15日に沖縄の施政権が米国から日本に返還された。これで、米国人が沖縄人を殺害しても、沖縄側に裁判権がなく、米国が公正な裁きをしないという状況からは逃れることができるようになった。もっとも日米地位協定があるので、米軍人・軍属の公務上犯した犯罪については、日本の警察権が制限される場合がある。さらに米軍基地を通じた米国人の出入りは、日本の出入国管理令に服さない。従って、米軍人・軍属の誰が日本に入ってきて、誰が出ていくかについても、日本政府は一切把握できない。米軍基地がない場所では、地位協定による理不尽さを感じることはない。しかし、米軍基地が所在する地域において、半ば治外法権を求めているような地位協定の存在は、深刻な懸念材料だ。さて、沖縄復帰時点での米軍基地の比率は、本土が50％、沖縄が50％だった。

２０１６年５月、このまえがきを書いている時点で、米軍基地の比率は、本土が26・2％、沖縄が73・8％だ。なぜこのようなことになってしまったのだろうか。日本の中央政府は、本土から米軍基地を減らすことには努力した。しかし、沖縄の基地削減については、無関心だった。いくばくかの経済的利権を与えれば、沖縄は基地の過重負担を容認するという本質的において沖縄と沖縄人を蔑視した「アメとムチ」の政策が展開された。

中央政府は、米海兵隊普天間基地の辺野古移設を含む米軍基地の再編を行なえば、沖縄の基地負担が軽減されるという。しかし、それは現状の73・8％が73・1％に減少するに過ぎない。わずか0・7％だ。確かに面積は、雀の涙ぐらい減少するが、問題は辺野古新基地の内容だ。辺野古の青い海を埋め立てて造られる岸壁には、航空母艦の着岸が可能になる。さらに新基地には、オスプレイが100機常駐できるようになる。客観的に見て、これは基地機能の強化だ。中央政府が、「普天間飛行場の辺野古移設」と説明するのに対して、沖縄人が激しく反発し、「普天間飛行場の移設を口実とした辺野古新基地建設だ」という認識を表明するのも、基地機能の強化という現実を踏まえているからだ。

たとえ話で説明したい。いまここに47人学級がある。持ち回りで便所掃除をやることになっている。1952年時点で、沖縄君の便所掃除当番は、月に3日間だった。それが徐々に増えて、1972年には2週間になった。2016年時点では、何と3週間だ。今度、学級会で、沖縄君の便所掃除を3時間減らすことにした。クラスメートは、「私たちは沖縄君が置かれている便所掃除の過剰負担に配慮して、3時間も掃除時間を減らしてやるんだ」と恩着せがましく言う。しかし、便所掃除の時間が3時間減る分、今後は廊下掃除も沖縄君がやれという。「いい電気掃除機があるから、そんなにたいへんじゃないだろう」と言う人もいる。

沖縄君からしたら、この過重負担はたまったものではない。「あんたたちは、沖縄を対等のクラスメートと考えているのか」と異議申し立てをした。そうすると学級会が開かれて、民主的に多数決で決めることにした。沖縄君が3週間の便所掃除をすることについては、沖縄君以外の全員が賛成し、多数決の結果は、46対1だった。学級会で何度議論を繰り返し、決議をしても沖縄君が置かれた差別的状況には変化がないことがはっきりした。沖縄君が「なんで沖縄だけが過重負担をしなくてはならないか」と尋ねるとクラスメートたちから異口同音に「沖縄君の席が便所に近いからだ」という答えが返ってきた。こんな理由に沖縄君が納得できるはずがない。

日本の政治エリート（国会議員、官僚）や評論家が、「沖縄に米海兵隊が必要なのは、中国を牽制するためだ」という類の議論は、沖縄からすれば「君の席が便所に近いから、便所掃除を過重に負担して当たり前だ」というのと同じである。

さらに、沖縄の基地で、沖縄の民意の了承を得て造られたものは一つもない。嘉手納基地や普天間基地は、沖縄戦後、民間人が北部に強制収容された時期に勝手に造られた。さらに伊江島などの基地は、住民を銃剣で脅し、ブルドーザーによって強制的に造られた。民主的手続きを一切無視して、暴力を背景に造られたことも沖縄の米軍基地の特徴だ。このような現実を多くの日本人が知ろうとしない。その理由は、知ると、何か自分が非難されているようで不快感を覚えるからだと私は見ている。

このような状況を目の当たりにして、沖縄人の自己意識が急速に変化している。従来、大多数の沖縄人は、自分のルーツは沖縄にあり、独自の文化や食習慣を持っているが、日本人であると思っていた。より正確に言うと、自分が沖縄人であるか、日本人であるかについて、詰めて考えることがなかった。こういう人々を、暫定的に「沖縄系日本人」と呼んでおく。

しかし、こういう人々の自己意識が、中央政府の沖縄に対する無理解、日本のマスメディアの沖縄に対する無理解と無神経さなどを目の当たりにするうちに徐々に変化してきた。特に辺野古新基地建設をめぐって、日本の沖縄に対する構造的差別が可視化されたことによって、沖縄人の自己意識が急速に変化し始めた。沖縄の利益に死活的に重要な問題（例えば、辺野古新基地建設問題）について、沖縄の立場をとるか、日本の立場をとるかと言われた場合、直ちに沖縄の立場をとるという方向に沖縄人の自己意識が変容している。一昔前まで、沖縄の新聞に「沖縄差別」「構造的差別」「アイデンティティー」「沖縄人」というような言葉が載ることは少なかった。沖縄人については、「沖縄県民」とか「沖縄の人」というような表現が用いられていた。日本人と異なる沖縄人という認識に対するタブーがあったからだろう。このタブーは打ち破られた。

われわれは沖縄人であり、沖縄人性は、過去もあったし、現在もあるし、未来も続くという自己意識が、沖縄人を結びつけている。「あなたは沖縄人か日本人か」という二者択一を迫られた場合、躊躇なく「私は沖縄人だ」という選択をする人が増えている。母親が沖縄の久米島出身である私もその一人だ。こういう人たちは、沖縄には自らの運命を選択する自己決定権があると信じている。しかし、現状では、日本の一部に沖縄が留まった方がいいと思っている。こういう人々を暫定的に「日本系沖縄人」と呼ぶことにする。翁長雄志沖縄県知事の思考、行動様式は、典型的な「日本系沖縄人」だ。「日本系沖縄人」は、琉球（沖縄）独立論者とは、一線を画している。

ただし、琉球独立論者の沖縄と沖縄人への愛と想いについては、素直に受け止めている。

さて、私たち沖縄人の気持ちを、日本からますます遠ざける事件が起きた。今年4月末に発生し、5月半ばに発覚した米軍属による20歳の女性殺害事件だ。私の言葉ではなく、沖縄の民意の最大公約数を体現した「琉球新報」の社説を2つ紹介する。1つ目は、被疑者が殺害を示唆した段階、5月21日のものだ。

「殺害」示唆　植民地扱いは限界だ　許されない問題の矮小化

〈えたいの知れない重苦しい塊が胸の中に居座り続けている。なぜ繰り返し繰り返し、沖縄は悲しみを強いられるのか。この悔しさはまさしく、持って行き場がない。

行方不明だった会社員女性（20）が遺体となり見つかった事件で、死体遺棄容疑で逮捕された元米海兵隊員で軍属のシンザト・ケネス・フランクリン容疑者が「首を絞め、刃物で刺した」と供述した。事実なら、事故などでなく意図的に殺害したことになる。

しかも遺体は雑木林に放置された。被害者の恐怖と無念はいかばかりか。想像すると胸が張り裂けそうになる。もう限界だ。今のままの沖縄であってはならない。

女性と容疑者に接点は見当たらない。事件当日の日没は午後7時で、女性は8時ごろウオーキングに出た。大通りがいつものコースだった。日暮れから1時間たつかたたずに、商業施設に程近い通りを歩くだけで、見も知らぬ男に突然襲われ、最後は殺されたのだ。しかも相手はかつて海兵隊員として専門の戦闘訓練、時には人を殺す訓練をも受けたはずである。なすすべがなかったに違いない。沖縄はまさに現在進行形で「戦場」だと言える。

沖縄に米軍基地がなければ女性が命を落とさずに済んだのは間違いない。在日米軍専用基地が所在するのは14都道県で、残りの33府県に専用基地は存在しない。だからこれらの県では米軍人・軍属による凶悪事件は例年、ほぼゼロが並ぶはずである。他方、統計を取ればこの種の事件の半数は沖縄1県に集中するはずだ。これが差別でなくて何なのか。

沖縄は辛苦を十分に味わわされた。戦後70年を経てもう、残り33府県並みになりたいというのが、そんなに高望みであろうか。

政府は火消しに躍起とされる。沖縄は単なる「火」の扱いだ。このまま米軍基地を押し付けておくために当面、県民の反発をかわそうというだけなのだろう。沖縄の人も国民だと思うのなら、本来、その意を体して沖縄から基地をなくすよう交渉するのが筋ではないか。

だが辺野古新基地建設を強行しようという政府の方針には何の変化もないという。この国の政府は明らかに沖縄の側でなく、何か別の側に立っている。

19日に記者団から問い掛けられても無言だった安倍晋三首相は、20日になって「非常に強い憤りを覚える。今後、徹底的な再発防止などを米側に求めたい」と述べた。その安倍首相に問い掛けたい。これでも辺野古新基地の建設を強行するのですか。

責任はどこへ

綱紀粛正で済むなら事件は起きていない。地元の意に反し、他国の兵士と基地を1県に集中させ、それを今後も続けようとする姿勢が問われているのである。

問題のすり替え、矮小化《わいしょう》は米側にも見られる。ケネディ米大使は「深い悲しみを表明する」と述べたが、謝罪はなかった。ドーラン在日米軍司令官も「痛ましく、大変寂しく思う」と述べたにすぎない。70年以上も沖縄を「占領」し、事実上の軍事植民地とした自国の責任はどこかに消えている。

ドーラン氏はまた、容疑者が「現役の米軍人ではない」「国防総省の所属ではない」「米軍に雇用された人物ではない」と強調した。だが軍人か軍属か、どちらであるかが問題の本質ではない。軍属ならば米軍の責任はないかのような言説は無責任極まる。

確かに、容疑者は海兵隊をやめ、今は嘉手納基地で働く軍属だ。だからこそ辺野古新基地をやめれば済む問題でもない。

日ごろ戦闘の訓練を受けている他国の軍隊がこれほど大量かつ長期に、小さな島に駐留し続けることが問題の淵源《えんげん》だ。沖縄を軍事植民地として扱い続ける日米両政府の姿勢が間違いなのである。ここで現状を抜本的に変えなければ、われわれは同輩を、子や孫を、次の世代を守れない。〉

（5月21日「琉球新報」電子版）

この殺人事件は、沖縄が日本と米国によって二重の植民地状態に置かれているために起きたのだ。本件に対する中央政府の鈍感な対応に直面して、沖縄の怒りは沸点に近づいている。5月21日に安慶田光男沖縄県副知事が、沖縄の全米軍基地撤退要求に発展する可能性について言及した。それを受けて、5月22日に以下の社説を掲載した。

全基地撤去要求　日米政府は真剣に向き合え

〈米軍属女性死体遺棄事件の謝罪に訪れた在沖米四軍調整官に対して、安慶田光男副知事は「沖縄の基地全体について県民は反対する可能性が懸念される。事件に対する県民の気持ちは無視できない。注視していく」と述べ、県民の意思表示によっては全ての在沖米軍基地撤去を求める考えを示した。

米軍人・軍属による事件が起きるたび、日米両政府は何度も綱紀粛正と再発防止を誓ってきた。しかし事件は起き続けている。今年3月にも観光客の女性が海軍兵に性的暴行を受ける事件が起きた。

この時、謝罪に訪れた四軍調整官は「良き隣人であるため、良き市民であるため、できる限りのことをさせていただく」と述べ、再発防止を約束していた。それにもかかわらず再び犠牲者が出た。

県内での米軍構成員による凶悪犯罪は日本復帰の1972年5月15日から2015年末までの約43年間で、574件発生し、741人が摘発されている。殺人が26件34人、強盗が394件548人、強姦《ごうかん》は129件147人、放火25件12人となっている。これらの犯罪は、沖縄に基地が存在していなければ起きていなかった。県民は基地あるが故の犯罪にさらされ続けているのだ。事件を受けて会見した女性団体の代表らは「基地がなければ事件はなかった」と涙ながらに訴え、沖縄から全ての基地・軍隊を撤退させるよう求める要求書を日米両政府に送ることを表明した。多くの県民の気持ちを代弁している。

翁長雄志知事は日米安全保障体制を容認する立場だ。しかし今回の事件を受け、全基地撤去を求める民意は広がりを見せている。安慶田副知事の発言は民意の高まりいかんでは翁長県政として全基地撤去を求める可能性を示したものだ。それだけ相次ぐ事件に危機感を抱いている証左だ。

オバマ米大統領の広島訪問前に事件が起きたことに触れ、政府関係者が「本当に最悪のタイミング」と発言したことが一部で報じられた。事件そのものではなく、時期が最悪だとの認識だ。別の時期なら事件が起きてもよいのか。犠牲者の無念さに一片の思いも寄せられない冷酷な人間の発想だ。

これ以上、言葉だけの再発防止策など聞きたくない。全基地撤去を求める声に、日米両政府は真剣に向き合うべきだ。〉（5月22日「琉球新報」）

今後、沖縄と中央政府の認識の乖離は一層拡大していく。このような状況で、沖縄と日本の有識者が共通の言葉を見出す努力をしなくてはならない。この点で、私は決して絶望しているわけではない。4月21日、『FILT』（JTのウェブ版広報誌）の企画で、哲学者の國分功一郎氏（高崎経済大学准教授）と対談した。その際、國分氏から、最新刊の『民主主義を直感するために』（晶文社）をいただいた。パリのデモ、民主主義について勉強するためのブックガイドや対談が収録されているが、最終章の「辺野古を直感するために」が最も興味深かった。沖縄に関する認識が実に鋭い。國分氏は、「直感」の重要性を強調して、こう述べる。

〈政治的な問題を考える時、最初にある率直な直感はとても大切である。人は何ごとについても直感を得るわけではない。したがって、たとえ事情に通じていなくても、「これは何かおかしい」という感覚が得られたならば、それだけで貴重である。そこからは「なぜこうなっているのか？」という問いかけが生じ得るからだ。その意味で、いかなる直感も大切にされねばならない。直感を得られたということそれ自体が、関心の芽生えを意味している。

いま辺野古で起こっていることについて、私は「これはおかしい」と直感していた。沖縄を訪れる前、僅かではあったが現地の事情を自分で調べてみて、その直感は強まっていった。そして現地に赴き、その直感は非常に強固なものとなった。この記事を読んでくださっている読者の中には、私と同じように辺野古を直感している人も多いであろう。もしかしたら基地建設反対の意見を持っている人が、大多数かもしれない。だが他方で、辺野古で何かが起こっていると知ってはいても、何も直感していない人も少なくないかもしれない。直感とは不思議なものであって、同じことを体験しても、それを得る人と得ない人がいる。

この辺野古訪問記の目的は、より多くの人に辺野古について直感してもらうための材料を提供することである。なるべく事実関係の解説も織り込んでいくつもりだが、それについては他にも適任の方々がたくさんいる。むしろ、私のように辺野古について直感している、あるいは直感しそうであるが、この問題についてうまくアクセスできずにいる、そのような方々の一助となることを目指したい。〉（２３０〜２３２頁）と記す。

國分氏のように「辺野古はおかしい」と直感する日本の有識者がどれくらいいるのだろうか。東京の書店の新刊書コーナーを見ると、沖縄に対するヘイト本が多数並んでいる。その中で、若手の哲学者として注目されている國分氏は、異質な言説を展開しているのだ。國分氏は、辺野古新基地建設に関する認識につき、こう記す。

〈自分は大学で哲学を講じている者であり、民主主義についても著書がある。また、東京の地元では道路建設を巡る住民投票運動に関わった経験がある。自分はいま、辺野古に来てみて、ここに日本の民主主義の先端部分があると感じている。かつて、マックス・ウェーバーという社会学者は、国家を暴力の独占装置として定義した。辺野古では、そのような国家の姿がまさしくむき出しの状態で現れているのではないか。選挙で何度も民意を表明しても、国家はそれを平然と無視する。そしてその無視に抗議する住民たちを、暴力で抑えつけようとする。国家は暴力の独占装置であるが、普段はその姿を現しはしない。暴力は常に潜在的な脅威に留まる。実際に暴力が現れるのは極限状態においてである。暴力が実際に行使されているとすれば、それはその現場が極限状態にあるからだ。その意味で、辺野古は極限状態にある。そして、この辺野古の闘いとは、そうした極限状態において民主主義を守ろうとする闘いであろう。その意味で、ここに日本の民主主義の先端部分がある。〉（前掲書２５６頁）

沖縄にルーツを持たない日本人にとって、辺野古新基地建設問題になぜ関わるのかという当事者性に関する認識は、とても重要だ。「沖縄が可哀想だ」といった類の上から目線の同情論が、沖縄人に受け入れられないことがわからない日本のリベラル派の有識者があまりに多い。「可哀想な状態」を作り出しているのは、誰なのかという問題に無自覚な日本人と沖縄人が共通の言葉を見出すのは実に難しい。それに対して、辺野古は極限状況にあり、民主主義という普遍的価値が侵害されているので、それを守るための闘いに連帯していくという國分氏の言説ならば、日本人と沖縄人の間で「民主主義の擁護」という共通の言葉を見出すことができると思う。

『週刊金曜日』は、「民主主義の擁護」の砦の機能を果たしている。それだから、この雑誌は私にとってたいせつなのだ。

本書を上梓するに当たっては、株式会社金曜日の北村肇氏、私の連載の担当編集者でもある『週刊金曜日』副編集長の伊田浩之氏にたいへんにお世話になりました。それから、特別対談に応じてくださった元山仁士郎さんにも深く感謝します。

2016年5月22日、曙橋（東京都新宿区）にて。

佐藤　優

第1章　鳩山政権の「県外・国外」移設方針

「沖縄党」意識での行動を呼びかける大田昌秀氏

半年ぶりに沖縄を訪れた。２００７年6月6日午後1時～5時半まで、沖縄大学で開かれた土曜教養講座第４５５回「沖縄の未来を語る　大田昌秀×佐藤優」（主催：沖縄大学地域研究所、協力：ＪＡＲＯＳ21／21世紀フォーラム、フォーラム久米塾）に参加するためである。

会合は沖縄大学1号館4階の３００人定員の講堂で行なわれたが、約４５０人が集まった。舞台にもパイプ椅子を並べ、廊下に立ちながら、議論に熱心に耳を傾けている人々もいた。大田氏の発言から筆者は強い知的刺激を受けた。

第一に、左翼・右翼という東西冷戦崩壊後、もはや有効性を喪失した枠組みにとらわれていては、沖縄の未来を見出すことはできないという認識を大田氏が強くもっていることだ。「本土復帰後、沖縄の政党が（本土に）系列化されてしまったが、それをもう一度見直す必要がある」と大田氏は述べていたことが筆者にはとても印象的だった。

教科書の検定問題

もっともそのような動きは確実に起きている。2007年の沖縄戦を巡る歴史教科書検定問題では、まさに目に見えない「沖縄党」ができた。沖縄には、地域政党の社会大衆党がある。同年4月、沖縄の久米島で行なわれたシンポジウムで、筆者は社会大衆党の糸数慶子氏（参議院議員）から、当時自民党の沖縄県議会議員をつとめていた國場幸之助《こくばこうのすけ》氏を紹介された。糸数氏は國場氏について「自民党と社大党では対立することもいろいろあるけれど、人間として信頼できる」と言っていた。

糸数氏の言葉の意味を筆者は数カ月後に知った。沖縄戦のときの集団自決（強制集団死）問題を巡って、筆者は國場氏と何回か電話で話をした。國場氏は、「保守政治家としてこの問題とどう取り組んだらいいのか悩んでいる」という。

「國場さん、あなたの正直な気持ちは、教科書検定での文部科学省の意見についてどう思うの」

「僕自身は、あの検定意見はおかしいと思う。県民感情に反しているし、歴史認識としても事実からずれていると思う」

「それを正直に言えばいいと思う。保守政治は、地域の伝統と利害に根ざしていないといけない。沖縄の保守とは何かがいま厳しく問われているのだと思う。このままでは、沖縄の自民党は東京の出先と見られてしまう。勇気を出して、自分の気持ちに正直になって行動してみたら」

沖縄独立論の研究

「そうしてみる。既成の枠を打ち破る努力をしないとね」

2007年8月31日、那覇で歳川隆雄氏（『インサイドライン』編集長）が司会をつとめ、國場氏と筆者で「沖縄の現状と展望」という討論会を行なった。そこで國場氏は、「検定意見は県民感情として認められない。私は撤回すべきと考える」と述べた。会場には糸数氏もいた。同年9月29日に行なわれた「教科書検定意見撤回を求める県民集会」の1カ月前の出来事だ。この会合については、本誌（同年9月14日号）でも報告したが、沖縄の保守陣営の中で、國場氏のようにリスクを引き受ける政治家が何人もいたことが、文部科学省に検定意見を変更させる流れをつくるうえで、無視できない役割を果たしたと思う。

國場氏をはじめ、沖縄の保守政治家は、革新陣営に擦り寄ったり、左翼に迎合したのであろうか。断じてそうではない。沖縄の地域に根ざす保守政治家としての信念を貫いたのだと思う。沖縄では、自民党、公明党、民主党、社大党、共産党、国民新党の政治家に共通する「何か」がある。この「何か」を一人ひとりの政治家が、少しだけリスクを負って、「沖縄党」をつくってほしいと思う。沖縄の政治家は、自分の所属政党と目に見えない「沖縄党」との二重党籍をもっているという意識で行動しないと、日本の総人口の1％強の数しかいない沖縄の声は、多数決原理を取る「民主主義の暴力」によって、かき消されてしまう危険性がある。

大田氏の発言から強い刺激を受けた第二の事柄は、「知力」を政治化することの重要性だ。大田氏は、その例として仲原善忠《なかはらぜんちゅう》の働きをあげた。太平洋戦争末期、石垣島で３人の米空軍兵を処刑した。横浜で行なわれたＢＣ級戦犯裁判で、それに関与した石垣島の青年７人に死刑が言い渡された。

これに対して、当時、沖縄人連盟の会長をつとめていた仲原が沖縄青年の命を救うために奔走した。久米島出身の沖縄学者である仲原は『おもろさうし』（沖縄の古代歌謡集）の研究者として有名だ。仲原は、『おもろさうし』と『遺老説伝』（琉球王国時代の歴史書『球陽』の別巻で、沖縄各地の昔話、伝説を記録する）を詳細に調査して、そこに「殺す」という言葉がないことを証明した。そのことを根拠に、沖縄には他人を「殺す」という発想がないことを強調し、７人の減刑をもとめる嘆願をＧＨＱ（連合軍総司令部）のロバート・アイケルバーガー中将に対して行なった。７人の青年のうち、正規の軍人でなかった６人については懲役刑に減刑された。１人の軍人については、減刑はなされなかったが、死刑は執行されなかった。仲原たちの働きによって７人の命が救われたのである。

本年は、１６０９年に薩摩が琉球に侵攻して４００年の節目の年にあたる。沖縄学第一世代である伊波普猷《いはふゆう》は、本件を侵攻とし、これによって琉球人の性格は、受動的、事大主義的に変容してしまったとみる。これに対して、仲原は、この出来事で薩摩による侵略的性格を過度に強調することは誤りと考える。むしろ、首里王府による封建的な民衆に対する過酷な支配が緩和されたと見る。従って、この出来事を薩摩の琉球進攻と記す。意図的に「侵攻」ではなく「進攻」と記すのだ。

伊波と較べ、仲原は内地（本稿では沖縄以外の日本を内地と呼ぶ）との同化傾向が強い沖縄学者と見られている。沖縄方言を使うことをやめ、標準語を常用せよと強調した。しかし、その仲原は、方言の語彙《ごい》収集を熱心に行ない、また『おもろさうし』の研究によって、沖縄の伝統を残すことに、全力をつくした。方言を使うことをやめろという実践的主張をする者が方言の語彙を収集し、死語となっている『おもろさうし』の言語を現代に復活させようとしていることは、一見、矛盾しているように見える。しかし、本質は別の位相にある。仲原は、沖縄人の生き残りという視座から知的活動を行なっているのだ。近代化の過程で、沖縄人が標準語を常用することが生き残りに資すると確信している。それと同時に、沖縄人としての自己意識を保全するための文書資料を保全することが、沖縄知識人として自らが行なうべきことであると考える。

大田氏は、現在、沖縄独立論の系譜について、本格的研究書を執筆している。かつて大田氏は独立論に対抗する復帰論の理論構築をした。その大田氏が、いま独立論の遺産を再整理する必要を感じているのは、それが沖縄と沖縄人が生き残るために必要だという点からの声を大田氏が感じているからだ。

（２００９年６月12日号）

普天間飛行場移設問題は民主主義をめぐる闘いだ

２００９年11月8日、沖縄で米海兵隊の普天間飛行場の沖縄県内への移設に反対する県民集会が行なわれた。『琉球新報』は号外を発行し、そこにはこう記されている。

〈普天間の辺野古移設に反対　２万１０００人が結集

米軍普天間飛行場の名護市辺野古への移設に反対する県民の意思を示す「辺野古への新基地建設と県内移設に反対する県民大会」（同実行委員会主催）が8日午後2時すぎから、宜野湾海浜公園屋外劇場を主会場に開催され、２万１０００人（主催者発表）が結集した。共同代表のほか、宜野湾市、名護市から参加した市民代表らによる意見表明があり、普天間飛行場の１日も早い閉鎖を求める大会決議を採択して閉会した。

決議は「民主党中心の新政権に代わった今、あらためて新基地建設ノーの県民の意思を明確に伝える」と訴え、オバマ大統領との首脳会談を控えた鳩山由紀夫首相に対等な日米交渉を促した。〉

（11月8日『琉球新報』号外）

事情変更の原則

8月30日の衆議院議員選挙（総選挙）で民主党政権が誕生した。2008年に発表した『沖縄ビジョン』で、民主党は普天間飛行場の県外、国外移設という方針を明示した。総選挙のマニフェスト（政権公約）では、米軍再編の見直しを掲げた。さらに沖縄の小選挙区では、普天間飛行場の沖縄県外もしくは国外への移設を主張する民主党、社民党、国民新党の候補者が当選した。辺野古への移設を容認する自民党の候補者は全員落選した。総選挙で、自民党の候補者が全員落選したことは、沖縄の政治史ではじめてのことだ。

東京の有識者、特に国際政治や安全保障の専門家の中では、政権交代は国内事項で、辺野古への普天間飛行場の移設はすでに日米合意がなされた国家間約束なので、沖縄の意向を無視してでも強行すべきだという意見を持つ人が多い。これはとんでもない暴論だ。

確かに、国際関係において「合意は拘束する」という大原則が存在する。それとともに「事情変更の原則」もある。国内的に大きな事情の変化が生じ、従来の約束を実現できないような状況になったら、交渉をやり直し、約束の内容を変更するということは、国際政治でときどきある。第一次世界大戦後、米国のウッドロー・ウィルソン大統領の提唱によって国際連盟が成立した。しかし、米国では上院が反対したので、結局、米国は国際連盟に加盟しなかった。最近では、京都議定書から米国が離脱した事例がある。「事情変更の原則」を濫用すると、国際関係は不安定になる。しかし、与件が大きく変化している状況で、従来の合意を強行すると、その反動で収拾がつかない状況が生じる危険がある場合は、事情変更を理由に再交渉をするべきだ。

筆者は、日本の安全保障の基幹を日米安保条約に置くべきと考える。沖縄県民の意思に真っ向から反する移設を行なっても、住民の敵意に囲まれた基地は、安全保障上の十分な機能を果たすことができない。辺野古への飛行場移設は、「沖合ならば移設受け入れを容認する」という立場を公約に掲げた仲井眞《なかいま》弘多《ひろかず》氏が06年11月の沖縄県知事選挙で、沖縄県内への飛行場移設に反対する糸数慶子氏（現参議院議員）を破って当選したことを根拠にしている。仲井眞知事は、現在も辺野古沖合への受け入れ容認の立場を堅持している。

図式的に整理すると、06年11月に表明された辺野古沖合への受け入れ容認という沖縄の総意と、09年8月に表明された、県内移設拒否という沖縄の総意が並列している状況にある。

11月8日の県民集会には、自民党系の翁長《おなが》雄志《たけし》那覇市長も共同代表に名を連ねた。

〈翁長市長はまず「私は保守系の政治家だが、保守・革新の枠を飛び越えて一歩を踏み出した。沖縄県民は戦後長い間、米軍基地をはさんで『経済だ、平和だ』と白黒闘争を続けてきた。しかし、本日、県民の心は基地の整理・縮小という一点で一つになることができる。」と述べ、大会出席に至った心境を説明。その上で「民主党は選挙中、県民に県外移設を公約したが、鳩山政権の国会での答弁は、県外（移設）についての検証が全くなされていない。（県内移設で合意した）日米合意の重さについても、県民は、鳩山政権にそれを乗り越える政治力を期待したのだ」と語り、政府に県外移設を進めるよう求めた。〉

（11月8日、asahi.com）

保守とは、自らが生活の拠点をもつ地域に対する愛着から生まれる政治理念だ。翁長氏は、保守政治家としてごく普通の行動をとっているのだ。これが沖縄におけるほんものの保守政治家の姿勢である。翁長氏の行動を「次の知事選をにらんだ作戦だ」という解説をするような人は、心が曇っているのだと思う。翁長氏は、リスクを負ってでも、沖縄の保守の声を国政に届かせようとしているのだ。

問われる官僚の姿勢

ここで注意しなくてはならないのが外務官僚の動きだ。防衛官僚の場合、台湾海峡有事という与件の上で論理を組み立てるので、沖縄県外への移転はありえないと職業的良心から信じ、行動している。

外務官僚は、防衛官僚よりも政治的発想をする（筆者自身が外務官僚だったので、その思考様式が手に取るようにわかる)。安全保障における人間の要素を外務官僚はよくわかっている。仮にどれだけ強大な基地があっても、住民の敵意に囲まれているならば、安全保障上の機能を果たすことはできない。

外務官僚は、沖縄県民が羊のように温和しいとは思っていない。なぜなら、羊のように温和しいと見られていた人々が、ある日、突然、立ち上がり、中央政府に対する命がけの異議申し立て運動を展開した例を知っているからだ。旧ソ連のリトアニア人、ラトビア人、エストニア人、現下ロシアのチェチェン人、中国のウイグル人、チベット人などの事例だ。外務省は1970年のコザ事件(米軍車両、施設に対する焼き討ち)についても詳細な事例研究をしている。

外務省は、日本国内であるにもかかわらず沖縄に大使を任命している。この大使にはインテリジェンス専門家(今井正前大使)、中国専門家(樽井澄夫現大使)、ロシア専門家(野村一成元大使)などエース級の人々を送っている。また、外務省沖縄事務所の職員にはロシア専門家が多い。ロシア専門家は民族問題に敏感だ(筆者もその一人だった)。外務省沖縄事務所には、モスクワ、ワシントンの大使館にあるのと同じ強度の強い暗号をかけることができる通信機材が設置されている。そして、沖縄の情勢について、詳細な分析を行ない、それを暗号電報で東京の外務本省に報告している。今のうちに、米国の「外圧」を最大限に利用して米軍基地問題について沖縄の声に極力、耳を傾けないでよい仕組みを外務官僚はつくろうとしていると筆者は見ている。

もはや辺野古への移設の是非が問われているのではない。沖縄の民意を無視する中央政府の官僚の姿勢が問われているのだ。普天間基地移設問題は、日本と米国の民主主義を健全化させるための重要な闘いでもある。

（２００９年11月13日号）

許容される限度を超えた下地幹郎衆議院議員の変節

筆者はかつてなく沈痛な想いをもちながら、この原稿を書いている。沖縄の米海兵隊普天間飛行場の移設問題が、急展開を遂げている。ここで、沖縄選出の下地幹郎衆議院議員（国民新党、沖縄1区）が死活的に重要な役割を果たしている。２０１０年2月15日の『琉球新報』の記事を見てみよう。

〈政府は米軍普天間飛行場移設に関する最終的な決着案として、名護市辺野古の米軍キャンプ・シュワブ陸上部分への移設を模索していることが14日、複数の政府関係者の話で分かった。米側とも交渉を進めている模様だ。政府与党3党の沖縄基地問題検討委員会で新たな移設先の検討を進める中、同検討委とは別に政府内で議論が進められていることに対し、検討委の議論軽視とも受け取れ、与党内の反発も予想される。／名護市への移設反対を掲げ当選した稲嶺進市長は同日、シュワブ内への移設に反対する考えを明らかにした。／シュワブ陸上案の検討は、防衛省政務三役直属の特命作業班「普天間代替施設検討チーム」が中心になって進められている。関係者によると、平野博文官房長官が2月はじめ、国外、県外への移転が不可能となった場合の方策として北沢俊美防衛相に検討を指示した。／北沢氏は、検討委の議論との整合性を図るため、検討委員である国民新党の下地幹郎政調会長に、国民新党案としてシュワブ陸上案を委員会に提案するよう要請した。〉

米国は受け入れない

キャンプ・シュワブ陸上案は、1998年の日米特別行動委員会（SACO）の協議において浮上し、米軍再編協議でも、守屋武昌元防衛事務次官（東京地方検察庁特別捜査部により収賄容疑で逮捕、起訴され、一審、控訴審で懲役2年6月の実刑判決を言い渡され、現在、最高裁に上告中）が日米交渉で推進した経緯がある。米側はこの案を蹴ったが、この案ならば既存の米軍基地内に1500メートルの滑走路を敷設することになるので、県知事の認可を必要としない。仮に陸上案で日米が合意すれば、沖縄県にはそれを阻止する術がない。この点が一部の政治家にとって魅力的なのだろう。

筆者は、米国側が陸上案を受け入れることはないと見ている。外務官僚も防衛官僚もそのことをよくわかっている。しかし、下地氏が陸上案を提案したことを官僚たちは随喜の涙を流して喜んでいる。下地氏は、09年8月30日の衆議院議員選挙で当選した与党側の政治家だ。この選挙で選出された4人の衆議院議員は、少なくとも県外移設を一丸となって主張しているというのが、東京の政治エリート、論壇人の共通認識だった。鳩山由紀夫総理、民主党の小沢一郎幹事長もそのような認識をもっていたと思う。しかし、今回の下地氏の発言で、この前提条件が崩れた。3月1日の衆院予算委員会で下地氏は、「鳩山由紀夫首相が5月末までに判断をせず、先延ばしすることがあれば、沖縄県選出の国会議員として6月1日には衆院議員を辞める」（3月2日『産経新聞』）と述べ、鳩山総理に県内移設を決断するように圧力をかけている。下地氏と国民新党は、1月24日の名護市長選挙で当選した稲嶺進氏を応援した。稲嶺市長は、「辺野古の海も陸上も含め、新たな基地は作らせませんと市民に約束した」と強調している。国会議員は、有権者によって白紙委任状を与えられているのではない。下地氏の変節は許容される限度を超えていると思う。

筆者は、母親が沖縄の久米島出身である。沖縄の血が流れる者の一人として、筆者は、下地氏の中に潜む本土に対する「過剰同化」に強い危惧と淋しさを覚える。下地氏に、沖縄が生んだ傑出した詩人・山之口貘の「会話」を読んでほしい。

〈会話

お国は？　と女が言つた

さて、僕の国はどこなんだか、とにかく僕は煙草に火をつけるんだが、刺青と蛇皮線などの聯想を染めて、図案のやうな風俗をしてゐるあの僕の国か！
ずつとむかふ
ずつとむかふとは？　と女が言つた
それはずつとむかふ、日本列島の南端の一寸手前なんだが、頭上に豚をのせる女がゐるとか、素足で歩くとかいふやうな、憂欝な方角を習慣してゐるあの僕の国か！
南方
南方とは？　と女が言つた
南方は南方、濃藍の海に住んでゐるあの常夏の地帯、龍舌蘭と梯梧と阿旦とパパイヤなどの植物達が、白い季節を被つて寄り添ふてゐるんだが、あれは日本人ではないとか日本語は通じるかなどゝ談し合ひながら、世間の既成概念達が寄留するあの僕の国か！
亜熱帯
アネツタイ！　と女は言つた
亜熱帯なんだが、僕の女よ、眼の前に見える亜熱帯が見えないのか！　この僕のやうに、日本語の通じる日本人が、即ち亜熱帯に生れた僕らなんだと僕はおもふんだが、酋長だの土人だの唐手だの泡盛だのゝ同義語でも眺めるかのやうに、世間の偏見達が眺めるあの僕の国か！
赤道直下のあの近所〉

（『山之口貘全集　第一巻　全詩集』思潮社、１９７５年、60～61頁）

「過剰同化」する心情

この詩が筆者の心を鷲づかみにする。宮古島出身の下地氏も、山之口貘の作品に現れている沖縄出身者共通の感性を失っていないと思う。筆者の理解では、下地氏の「過剰同化」は沖縄出身の政治エリートがもつ「弱さ」を示している。

筆者は外交官時代、下地氏には間近で何度も接した。かつて下地氏が、自民党で強い影響力をもっていた鈴木宗男衆議院議員を支援する「ムネムネ会」の有力メンバーであったからだ。同時に、下地氏は、田中眞紀子外相の側近でもあった。2001～02年にかけ、鈴木氏と田中氏は本格的な「戦争」を展開していたが、その両者と平然と親しくすることができる特異な才能を下地氏はもっている。そして、鈴木氏が逮捕され、衆議院本会議に鈴木氏の議員辞職勧告決議案が上程されたとき、当時自民党の下地氏は「賛成」の態度表明をした。自民党議員でもこの決議案に賛成しなかった人もいる。ここでも下地氏は大勢に「過剰同化」した。

現在、普天間基地移設問題に関して、政権中枢で激しい綱引きが繰り広げられている。社民党は、沖縄県内への移設を断固阻止するという原則的立場をとっている。民主党の小沢一郎幹事長は、キャンプ・シュワブがある辺野古の青い海を埋め立てるべきでないという見解を表明している。3月7日、筆者の電話照会に対し、鈴木宗男衆議院外務委員長（新党大地代表）は、「1月

24日の名護市長選挙で表明された民意を率直に受け止めるべきだ。キャンプ・シュワブの陸上、沿岸、沖合のいずれもだめだ。民主主義を基本に考えなくてはいけない」と述べていた。

下地氏は、名護市民の民意、小沢幹事長や鈴木外務委員長の政治力よりも、外務官僚、防衛官僚の力が強いと計算している。筆者は、下地氏の計算は間違っていると思う。

（２０１０年3月12日号）

鳩山政権を倒そうと総力戦に入った外務、防衛官僚

2010年5月4日、鳩山由紀夫首相が日帰りで沖縄を訪問し、仲井眞弘多沖縄県知事、高嶺善伸沖縄県議会議長、稲嶺進名護市長らと会談した。那覇での記者会見で、鳩山首相は、米海兵隊普天間飛行場の移設問題について「現在のアメリカ、日米同盟の関係の中で抑止力を維持する必要性というようなことから、国外あるいは県外にすべてを、普天間の機能をですね、移設することは難しいということに至りました。したがって誠に申し訳ないという思いで今日はおうかがいしたんですが、沖縄の県民の皆さま方のご理解をたまわって、やはり沖縄の中に一部、この機能を移設をせざるをえないと。そのようなことに対してご理解をいただけないかということを、仲井真知事に申したところでございます」（5月4日 asahi.com）と述べた。

官僚のメディア工作

東京の新聞やテレビは、昨年8月の総選挙時に鳩山首相が普天間飛行場の移設先について、「最

低でも（沖縄）県外」と発言していたことを取り上げ、公約違反であると非難している。自民党はこの機会に攻勢をかけて鳩山政権を倒そうとしている。外務官僚、防衛官僚は総力戦体制に入っている。この機会に鳩山包囲網をつくりあげ、自民党政権時代の日米合意に基づく辺野古沿岸もしくは、それを微調整した辺野古沖合での移設を既成事実化しようとしている。特に外務官僚は、「いま決着しないと米国の逆鱗に触れる」というメディア工作を精力的に行なっている。

現在、東京の政治エリート（閣僚・国会議員・官僚）と沖縄の間の認識は著しく非対称になっている。政治エリートにとって本件は「抑止力」という言葉に象徴される安全保障の問題だ。これに対して、沖縄にとって本件は東京の政治エリートの意図的、もしくは無意識な沖縄差別の問題だ。４・25県民大会で仲井眞知事は、「終戦からかれこれ70年、日本復帰をしてから40年たちました。戦争の痕跡はほとんどなくなりました。しかしながら、米軍基地、基地だけは厳然と、ほとんど変わることなく目の前に座っているわけでございます。／ですからこれは、日本全国でみれば明らかに不公平、差別に近い印象すら持ちます」（４月25日asahi.com）と述べた。

この「不公平」、「差別」という言葉が、普天間問題を読み解くキーワードであると筆者は考える。沖縄は、日本の陸地面積のわずか０・６％の沖縄に在日米軍基地の73・８％が存在するという不平等な状態を東京の政治エリートが是正しようとしない現状に対して異議申し立てをしているのだ。普天間問題は、東京の政治エリートの沖縄に対する構造的な差別を象徴する事案なのである。「この事態をそのまま放置している日本政府はわれわれ沖縄人を同胞と見なしているのだろうか」

という苛立ちと不安を沖縄は強めている。

沖縄を抑止力論で説得することは、不可能だ。しかし、東京のエリート官僚はそのことがわからない。琉球・沖縄史の知識に欠けることと、学校の成績はよくても、他人の気持ちになって考えることが苦手という偏差値秀才の文化が影響している。抑止力論が太平洋戦争末期の大本営エリート参謀（軍事官僚）が構築した「沖縄は、本土決戦のための要衝である。官民一体の総力戦体制で対処せよ」という内容の「沖縄決戦の思想」の反復であることに、21世紀のエリート官僚は気づいていないのだ。あの戦争で沖縄は玉砕した。しかし、本土は玉砕しなかった。陸軍参謀本部で「沖縄決戦」を企画したエリート参謀の大多数は、戦後も生き残った。突き放して見れば、沖縄は「捨て石」の役割を果たしたに過ぎない。

「平成の琉球処分」

沖縄の人々は、「捨て石」論が具体的にどういう結果をもたらしたかを知っている。筆者の母は14歳で「石部隊」（陸軍第六二師団）の軍属になった。1945年6月末に日本軍が組織的抵抗を終えた後、捕虜になった。摩文仁の洞穴に隠れていたが、米兵に発見された。このとき、母は自決用に渡されていた2個の手榴弾のうちの1つの安全ピンをはずした。信管を岩壁に叩きつければ数秒で爆発する。そのとき、隣にいた「アヤメ」という北海道出身の伍長が「死ぬのは捕虜になってからもできる」と言って両手をあげた。筆者は子どもの頃から、「あのとき、アヤメ伍長が手をあげなかったら、お母さんは手榴弾を爆発させていた。そうすれば、優君は生まれていなかった」という話を何度も聞かされた。沖縄戦で米軍はガス弾を使用した。前田高地の戦闘で、母もガス弾を浴びた。幸い、軍医がすぐそばにいて解毒剤を打ったので、命をとりとめた。

生き残った母は運が良かった。負傷していたため摩文仁の丘で母とはぐれた姉の一人は、その後、米軍病院で「安楽死」させられた。「ひめゆり部隊」にいた母のいとこは米軍の火炎放射器で焼き殺された。母は泣きながら「ミヨちゃん（いとこの名）は、熱かっただろう。さぞかし苦しかったでしょう」という話を筆者に何度も聞かせた。沖縄関係者は、家庭や地域で伝承された学校での公教育とは別の「戦争の歴史」をもっている。エリート官僚が唱える抑止力論よりも、親族から伝承された歴史の力の方が圧倒的に強いのである。

その後、51年のサンフランシスコ平和条約で日本は主権を回復したが、沖縄は米国の施政権下に置かれた。東京の政治エリートは再び沖縄を切り捨てたのである。もっとも沖縄の歴史を顧みればこのようなことは珍しくない。その基点は琉球処分にある。金城正篤《きんじょうせいとく》氏（琉球大学名誉教授）は、琉球処分について、〈明治政府のもとで沖縄が日本国家の中に強行的に組み込まれる過程をいう〉（金城正篤『琉球処分論』沖縄タイムス社、１９７８年、３頁）と定義する。具体的には、１８７２年の琉球藩設置から、１８８０年に分島問題が収束する８年間のことだ。１８７１年、台湾に漂着した宮古島の人々が殺害されたときに日本政府は「自国民保護」という名目で、

1874年に台湾に出兵して武力で処理する。しかし、政府は本気で沖縄人を守ろうとしたのだろうか。1880年に日本政府は中国にとんでもない提案をする。〈琉球諸島を二分し、台湾に近い八重山・宮古島の両先島を清国に割譲し、その代償として日本が中国国内での欧米なみの通商権を獲得しようというものだった。日本が提案し、しかもその実現に熱心であった「分島・改約」案は、日清間で合意に達したが、清国側の調印拒否にあって、流産したものの、もしもそれが実現していたら、日本人の中国内地での通商権と引きかえに、宮古・八重山の土地・人民は、清国政府の管轄に移されていたはずである〉(前掲書7頁)。日本人である沖縄の同胞を守るという政府の主張が欺瞞であることがわかる。東京の政治エリートが考える「日本全体の利益」のために、沖縄を「捨て石」とすることは、琉球処分、沖縄戦、サンフランシスコ条約で繰り返されてきた。その歴史に普天間問題という「平成の琉球処分」が加わろうとしているのだ。

(2010年5月14日号)

第2章 「県外」主張する仲井眞知事の再選

菅直人政権は外務官僚に包囲された状態で発足した

2010年6月2日、鳩山由紀夫首相は辞意を表明した。あわせて小沢一郎衆議院議員も民主党幹事長職から退く意向を表明した。そして、4日、衆参両院で菅直人《かんなおと》氏が首相に指名され、8日、天皇の認証を得て、菅直人内閣が成立した。

筆者は、鳩山、小沢両氏が辞意を表明した翌3日夜、福島みずほ社民党党首と約1時間、意見交換をした。5月28日の閣議決定への署名を拒否したために、福島氏は鳩山首相によって閣僚を罷免された。福島氏に対して、事前に提示された案文には、辺野古という地名が入らず、地元の合意を得る努力をするという趣旨が記されたものもあったという。しかし、福島氏は筆者に「辺野古という地名が明示された日米合意を認める閣議決定に署名することは、沖縄に対する裏切り行為になるので、できなかった」と述べた。筆者は福島氏に「社民党の党首として、筋の通った立派な対応です」と述べた。すると福島氏は「小沢さんからも、あなたの方がただしいというようなことを言われた」と述べた。鳩山氏によって罷免されたにもかかわらず、福島氏は感情的にならず、情勢を正確に認識している。福島氏は、筆者にこう述べた。

「私は鳩山総理が外務官僚に追い込まれていったと見ているの。鳩山さんは、最初、沖縄県外に普天間飛行場を移設することを本気で考えていた。しかし、岡田外相が相当強い調子で5月末までに決めろというので、その流れに押されてしまった。岡田外相は外務官僚の意向を反映している」

外務官僚による静かなクーデター

福島氏の認識は、問題の本質をとらえている。今回の事態は、国家権力を自らの手に取り戻そうとする霞ヶ関（中央官庁）官僚、特に外務官僚による「静かなるクーデター」なのである。筆者自身、外務官僚だったので、その内在的論理が皮膚感覚でよくわかる。かつての認識を自己批判する意味で、官僚の国会議員に対する認識を率直に述べておく。

官僚は国民を無知蒙昧な有象無象と考えている。それだから、有象無象の国民によって選ばれた国会議員は無知蒙昧のエキスに過ぎないと見下している。そして、国家を支配するのは国家公務員試験や司法試験などの難しい国家試験に合格した偏差値エリートであるべきと信じている。このような偏差値エリートが支配した方が、結果として、無知蒙昧な国民も幸せになると勘違いしている。これらの国家試験で測ることができるのが、教科書の内容を記憶し（理解していなくてもよい）、一定時間内に筆記試験で再現する人間の能力の一部分に過ぎないことが理解できない、本質的に愚かな官僚が多いのである。

官僚が政治家を小馬鹿にしていることに同調する新聞記者が多いが、こういう記者たちは、官僚が政治家の背後にいる国民を「取るに足らない有象無象」と軽視していることに気づいていない。官僚は、擦り寄ってくる記者を表面的には大切にするが、「有象無象の仲間」くらいにしか思っていない。官僚が畏敬の念をもち、ほんとうに大切にするのは、官僚よりも専門知識をもち、官僚のバックグラウンドブリーフィング（オフレコベースの背景事情説明）に鋭く切り込み、知識不足や論理の破綻を指摘する記者だ。リークをそのまま記事にする記者を、官僚は役に立つとは思うが、腹の中では「こいつはあまり頭がよくない」と馬鹿にしている。

自民党政権時代、名目的権力は政治家、実質的権力は官僚という棲み分けがなされていた。もっとも中央官庁の局長以上に政権有力者からにらまれている官僚をつけると、政治家が法律や予算で役所に対して合法的な圧力をかけてくることがある。この合法的な圧力をかける技法に長《た》けた国会議員が「力のある政治家」ということになる。もっともこういう「力のある政治家」は、有能な官僚を出世させ、国益を増進させるような仕事をさせ、そのことによって政治家自身の権力基盤を拡大させるという連立方程式を組み立てることが上手だ。利権狙いの不当な介入については、「先生、ありとあらゆる知恵を駆使してみましたが、法的に不可能です」と言って断る。「法律を無視しろ」という政治家はいない。政治家の官僚に対する影響力は、幹部人事を通じて行使するというのが、自民党政権時代の不文律だった。

「鈴木宗男パージ」の伏線は官僚の危機感

この棲み分けを政治家が踏み越えると官僚は忌避反応を示す。筆者が知る具体例をあげる。1999年12月にチェチェン問題をめぐって外務官僚がロシア政府に対して「(チェチェン問題は)基本的に(ロシアの)国内問題」という従来の表現を河野洋平外務大臣の発言案から削除しようとしたことがある。このとき鈴木宗男自民党総務局長が、〈「国内問題」という当時ロシア政府が最も注目していた言葉を含めない発言案は基本政策の変更ととられるのではないかとの懸念を示し〉(東郷和彦『北方領土交渉秘録』新潮社、2007年、287頁)、外務官僚と激しく対立したことがある。

このときの興味深いエピソードがある。筆者は、秋葉剛男外務事務次官秘書官の依頼に基づき、鈴木氏に以下のメッセージを伝えた。

「今回の件は、手続き事項ではなく、サブスタンス(実質的内容)にかかわることですので、何とかお怒りをおさめてください」

この伝言を伝えると、鈴木氏の瞳が一瞬、猛禽類のように光った。「サブスタンスに政治家を関与させないというのが外務省の意向だな。よし、それならばおれも本気で勝負する」

そして自民党外交部会が大荒れに荒れた。

〈鈴木氏からの質問に対しては私（引用者注＊東郷和彦氏）から答えた。／まず基本政策は変わっていないが、会合での具体的な発言ぶりについては会談の状況によって適宜変わることはあり得る、また、省内の議論についての具体的な質問に対しては説明を控えたいと述べたのだが、これに対して、鈴木氏の怒りは徐々に沸点に達し、激しい面罵を受けた。結局、川島次官（引用者注＊川島裕氏。現職は宮内庁侍従長）が何回か答弁を引き受け、本省に戻り再検討の結果、「国内問題」という言葉を再度工夫した案が大臣に提出された。〉（前掲書２８７頁）

東郷氏は本件について、〈一度省内で決したことが外交部会などで別の方向にゆくというのは、やはりどう考えても良い処理ではなかった〉（前掲書同頁）と述べているが、これはオブラートに包んだ表現だ。実際は外務省がパニック状態になった。それまで、鈴木氏に関して外務省幹部は「ときどきうるさいことを言うが、外務省の予算や定員を確保するために尽力してくれる応援団」という認識だったが、この事件を機に、「鈴木はサブスタンスに容喙《ようかい》してくる危険な存在だ」という意識が外務官僚の間に芽生えた。そしてこれが02年の鈴木宗男パージの伏線になる。

外務官僚は、国家公務員法の特別法である外務公務員法の縛りを受ける。大使館・総領事館などの在外公館に勤務するときは、在外手当という「第二給与」が支給される。この「第二給与」は、外交活動を行なうための経費であるにもかかわらず、精算義務がなく、所得税が課されない。蓄財して日本に持ち帰っても課税されない。外務官僚の生涯給与は、他の国家公務員と比較して2〜3倍になる。また、若い頃から外交特権をもった生活をするので「自分たちは他の官僚とは身分が異なる。外交はわれわれ専門家にしかできない」という尊大な意識を持ちやすい。外務官僚は、鈴木氏に面罵されたことに対して腹を立てたのではない。鈴木氏が外務官僚の想定を遥かに超える外交に関する知識と人脈を身につけ、外交の内実に関与してくることに対して、「外務官僚による外交に対する支配権が奪われる」という脅威を感じたのだ。

鳩山氏の理想は沖縄の民意尊重

09年8月30日の衆議院議員選挙（総選挙）により政権交代が起き、鳩山内閣が成立した。当初、外務官僚は様子見をしていた。民主党連立政権が政治主導を打ち出しても、鳩山首相や岡田克也外務大臣をおだてておけば、実質的支配権を外務官僚が維持することは、それほど難しくないと考えていた。鳩山首相が米海兵隊普天間飛行場の移設問題について「最低でも(沖縄)県外」と言っていても、早い段階で自民党政権時代の日米合意に基づく辺野古（沖縄県名護市）沿岸もしくはその微調整に落ち着くものと見ていた。しかし、鳩山首相は沖縄の民意を尊重し、「最低でも県外」

という方向で問題を本気になって解決しようとした。辞意を表明した6月2日の民主党両院議員総会で鳩山首相はこう述べた。

〈私は本当に、沖縄の外にできる限り米軍の基地を移すために努力をしなければいけない、いまでのように沖縄の中に基地を求めることが当たり前じゃないだろうと。その思いで半年間努力してきたが、結果として県外にはなかなか届かなかった。いやこれからも県外に、彼らの仕事を外に移すように、努力をしていくことは言うまでもないが、一方で北朝鮮が韓国の哨戒艦を魚雷で沈没させるという事案も起きている。北東アジアは決して安全、安心が確保されている状況ではない。（中略）これからも県外に米軍の基地というものを少しずつでも移すことができるように、新しい政権としては努力を重ねていくことがなによりも大切だと思っている。社民党より日米を重視した、けしからん。その気持ちもわからないでもない。ただ、社民党とも協力関係を模索していきながら、いまここは日米の信頼関係を何としても維持させていかなきゃならないというその悲痛な思い、ぜひ皆さんにもご理解を願いたい。／私はつまるところ、日本の平和は、日本人自身で作り上げていくときをいつかは求めなきゃならないと思っている。米国に依存しつづける安全保障、これから50年、１００年続けていいとは思わない。鳩山がなんとしても、少しでも県外にと思ってきたその思いをご理解願えればと思っている。その中に、私は今回の普天間の本質が宿っていると思っている。／いつか、私の時代は無理だが、あなた方の時代に、日本の平和をもっと日本人自身でしっかりと見つめていくことが出来るような、そんな環境をつくること。現在の日米の、同盟の重要性はいうまでもないが、一方でそのことも模索していただきたい。〉（6月2日 asahi.com）

県外移設案の構築は可能

鳩山氏は、絶対的平和主義者（パシフィスト）ではない。防衛政策においてはハト派でもない。自主国防論者なのである。外務官僚もそのことはよくわかっている。鳩山首相の意向に即し、普天間飛行場を沖縄県外に移設するプログラムを立てることもできた。その場合、ポイントは次の3点になる。

①米国政府に対して、自民党政権時代の日米合意に基づく辺野古移設は、鳩山首相の「ゼロ・オプション」発言によって、白紙に戻ったと通報する。在沖米海兵隊のグアム移設に関しては、日米間の協定（条約）があるので、今回の政権交代によっても、日本はそこで定められた国際法的義務を負う。これに対して辺野古への移設は、日本の外務大臣、防衛大臣と米国の国務長官、国防長官の四者による政治合意だ。日本で本格的な政権交代が起き、鳩山氏は普天間飛行場の沖縄県外への移設を公約し、政権の座に就いたので、旧政権の政治合意はもはや継承されない。

初動で外務官僚がこういう働きかけを米国に対して行なえば、米国側も辺野古移設を見直さざるを得なくなったであろう。民主主義は米国の国家原理で、民意を正面に打ち出せば、再交渉は可能である。このことをもちろん外務官僚はわかっている。しかし、サボタージュした。

②米海兵隊が、沖縄から撤退した場合、抑止力にどのような支障が出るかについて検討する。鳩山氏はそもそも改憲を主張する自主国防論者だ。抑止力に関する知識が欠如していることはない。5月11日、衆議院環境委員会で、沖縄県に駐留する米海兵隊の抑止力について「政権を掌握する中で、野党の時代には見えなかったものが見えてきた」と述べたが、これは「外務官僚や防衛官僚が、政治主導に抵抗するために持ち出している抑止力の意味がわかった」という意味なのである。

③沖縄から米海兵隊が撤退することで、抑止力が不足する場合は、それを自衛隊で強化する。繰り返すが外務官僚が鳩山首相の意向に合致するプログラムを作成することは可能だった。しかし、それを怠った。なぜだろうか？　普天間問題で、外務官僚が鳩山首相に譲歩すると、それによって外交に関する政官の棲み分けが根本から変化することになる。それに対する外務官僚の「天が落ちてくる」というような形而上的恐怖が普天間問題を政治家による外交への容喙を防ぐためのシンボル（象徴）的事案に昇格させてしまったのだ。実利をめぐる問題ならば、双方が満足する折り合いをつけることができる。しかし、シンボルをめぐる闘争に妥協はない。

外務官僚にとって鳩山首相は徐々にかつての鈴木宗男氏のような省益（外務官僚の主観的意識では国益）の敵になってきた。いつまでも「最低でも県外」に固執する鳩山首相を統制下に置くか、統制下に置くことができないならば排除することを外務官僚は真剣に考えた。外務官僚のうち特定の誰かが鳩山政権を打倒する絵図を描いたのではない。外務官僚の集合的無意識が、鳩山首相を無害化し、外交における官僚支配を確保しようとした。そして外務官僚は、「辺野古移設が米国の絶対的意向」という情報操作を徹底的に行なった。それに米国人の安保理権屋（ジャパン・ハンドラー）が全面協力した。

米大統領との電話会談の意味

外務官僚は、2月から総攻勢をかけた。それは、沖縄一区選出で与党国民新党の下地幹郎衆議院議員が、普天間飛行場の沖縄県内への移設を公言し、5月末までに県内への移設について日米合意を行なえと強い圧力をかけた。下地氏は鳩山首相に辞任まで要求した。

〈5月末決着で党内見解〝真逆〟／日米合意なければ「首相は辞任を」／下地国対委員長

【東京】国民新党の下地幹郎国対委員長は16日のテレビ朝日番組で、米軍普天間飛行場の移設問題の5月末の決着を目指していた鳩山由紀夫首相の責任に関して、「首相が5月末までにやるべきことは日米合意だ。5月末までにできなかったら首相としての責任を取らなければいけない」と述べ、月内に日米合意ができなければ首相は辞任すべきだとの考えを示した。／下地氏は「日米でこういうふうな方向で行くということをまず決め、決まったパッケージを沖縄に説明する」と述べ、5月中に移設先となる沖縄などの地元自治体と米国、与党3党の合意を得るのは困難だとして、米の合意取り付けを優先すべきとした。〉（5月17日『琉球新報』）

政権与党の幹部が首相辞任を要求するなどというのは、尋常でない事態だ。米国との合意取り付けを優先するというのは、まさに外務官僚が望んでいたことだ。5月28日の日米合意と閣議決定は、外務官僚に鳩山首相が屈服したことを示す証拠書類なのだ。

6日未明、菅直人次期首相は、オバマ米大統領に電話し、5月28日の日米合意を継承する意向を表明した。天皇による認証を得ず、正式に首相に就任していない菅氏が対外的に日本国家を代表することはできない。もちろん外務官僚はそのことを十分理解している。その上で、左翼・市民派的な世界観をもつ菅氏が、普天間問題で沖縄県外と言い出す可能性をあらかじめ封じ込めておこうとする外務官僚の集合的無意識が、天皇による認証を無視し、菅氏に外交活動を行なわせたと筆者は見ている。菅政権は外務官僚に包囲された状態で発足した。

（2010年6月11日号）

官僚支配打破のため小沢一郎氏の民主党代表選出を願う

民主党は全体の代表を指向する奇妙な政党だ。英語で政党を「ポリティカル・パーティー」ということからも明らかなように、政党とは部分（パート）の代表であるはずだ。社会のさまざまな部分が、自らの代表を議会に送り出して、そこで討論を尽くし妥協して、限りがある国家予算の配分を行なうというのが議会制民主主義の基本だ。それとともに政党は社会を代表する機関だ。それだから、議会で国家の活動を監視、抑制するのが政党の重要な機能である。

社会において、経営者と労働者、若年者と高齢者、都市居住者と地方居住者などの間では、利害相反がある。従って、すべての人の利益を体現する全体の代表という発想自体が、政治を否定することになる。民主党の中には、経済政策について「小さな政府論」を強調する新自由主義者から、公共事業に依存する旧来型保守政治家、社会民主主義者などさまざまな立場の人がいる。外交安全保障政策についても、日米同盟至上主義者、東アジア共同体論者、自主国防論者などがいる。

時代は帝国主義へ

民主党は、このような雑多な政治家が「権力を握る」という一点だけで結集した権力党であるから強いのだ。特定のイデオロギーや政策によって民主党をまとめることは不可能である。

２０１０年9月14日の民主党代表選挙は、菅直人代表（首相）と小沢一郎前幹事長の一騎打ちになる。民主党代表に選ばれた人が首相になるので、民主党員ではない国民にとっても、この代表選挙はきわめて重要な意味をもつ。政党の選挙について、党員以外がとやかく嘴《くちばし》を差し挟むべきでないという意見があるが、それは間違えていると思う。なぜなら民主党には国庫から政党助成金が交付されているからである。民主党の代表選挙に対して意見を述べる権利を納税者はもっている。両陣営は、生き残りを賭けて、「仁義なき戦い」を展開している。筆者はこの選挙を「平成のオストラキスモス（陶片追放）」と考えている。古代ギリシアの都市国家アテネでは、僭主の出現を防止するための投票が行なわれた。オストラコン（陶片）に危険人物名を記して、６０００票を超えた人物は10年間の国外追放を言い渡されたという。マスメディアのほとんどすべてを敵に回し、「政治とカネ」をめぐる問題で国民の評判が極端に悪い小沢氏が追放されるべきであるという世論が強い。しかし、筆者は、追放されるべきは菅氏であると考える。菅氏も小沢氏も、特定の思想がないということでは共通していた。しかし、この代表選の過程で、小沢氏と菅氏の路線の相違が、結果として明白になったからだ。それが経済政策と外交政策において端的に表れている。

小沢氏は、菅氏の消費税率引き上げ路線を、財務官僚のシナリオに即した動きであると厳しく批判する。表面上は、消費税問題が争点となっているが、その背後には、現下の国際関係をどう見るかという現状分析がある。２００８年のリーマンショック後、主要国は露骨な帝国主義政策を取るようになった。各国とも口先では「保護主義に反対する」「国際協調を重視する」と言っているので、事柄の本質が見えにくくなっているが、冷静に見れば米国とＥＵがとっているのが、通貨量の発行増による為替ダンピングであることは明白だ。時代が帝国主義に転換していることを菅首相は認識していない。近代経済学ではなく、マルクス経済学の帝国主義論で現状を分析すれば、事柄の本質がよくわかる。「悪い円高」がこのまま進捗《しんちょく》し、１米ドルが60円台になるような状態になれば、消費税率をいくら引き上げても、製造業を中心に日本の産業が崩壊してしまうから、財政再建などできない。現状では、積極的な経済政策、すなわちデフレと「悪い円高」を是正し、景気回復を優先するのが当然だ。菅首相＋財務官僚の財政再建路線なるものが続くと、日本は欧米に取って食われる。菅首相には帝国主義に対する洞察が決定的に欠けている。小沢氏は、無利子国債の発行について述べたが、こういう非常手段を用いてでも景気回復を優先すべきだ。菅政権が続くと学生の就職難、失業者と自殺者の増大が続くと筆者は危惧する。

外務官僚は〝誠実〟か

外交政策についても、菅政権が続くと、日本は袋小路に入ってしまう。菅氏は、外交についてまったく勉強していない。それだから日本国家の命運にかかわる外交案件を外務官僚に丸投げしている。

米海兵隊普天間飛行場移設問題で、菅首相は5月28日の日米合意を踏襲する姿勢を明確にした。沖縄県民の意思を無視し、辺野古崎周辺への移設を強行するということだ。これに対して、小沢氏は、言葉を慎重に選んでいるが、普天間問題について、沖縄、米国と再度話し合う方針を明らかにした。小沢氏は、沖縄の民意に反する辺野古移設を強行すれば、新基地のみならず嘉手納基地、キャンプハンセン、那覇軍港を含むすべての在沖米軍基地が住民の敵意に囲まれ、日米同盟を弱体化させることがわかっている。小沢氏がアジア主義者であるとか平和主義者であるという幻想をもってはならない。小沢氏は国家主義者で、その観点から日米軍事同盟を実質的に強化することを考えている。そのためには、5・28日米合意をやり直す必要があると考えているのだ。小沢氏が普天間問題について「腹案がない」というのは、当然のことだ。まず、鳩山由紀夫前首相、菅首相に対して外務官僚が正確な情報を上げているかについて吟味しなくてはならない。

『中央公論』9月号に「若泉敬が自裁してまで〝愚者の楽園〟に伝えたかったこと」と題する谷内《やち》正太郎《しょうたろう》前外務事務次官と手嶋龍一氏（外交ジャーナリスト）の対談が掲載されている。谷内氏は、〈沖縄の方々には非常に申し訳のないことなのですが、第二次世界大戦では沖縄では最大の激烈な地上戦が行われて、最大の犠牲を背負わせてしまった。そして、密約についてもそうなのですが、国際政治を生き抜くためとはいえ、沖縄はことあるごとに日米間の取引に使われてしまった側面は否めません〉と述べる。さらに谷内氏は、〈鳩山首相は、自民党時代に作成された現行案に戻る際の説明として、「学べば学ぶほど抑止力（が必要と）の思いに至った」と述べた。しかし、抑止力という観点から必然的に現行案に行き着くとは言えないはずです〉と強調する。谷内氏は、抑止力の観点から米海兵隊普天間飛行場を辺野古崎周辺に移設するという外務省の説明に根源から疑義を呈している。谷内氏の認識と現役外務官僚の認識が著しく乖離していることはない。

小沢氏が首相になり、睨みをきかせれば、外務官僚も真実を報告するようになる。

菅氏も小沢氏ももともとイデオロギー色の薄い状況対応型の政治家だったが、今回の民主党代表選挙の過程で、官僚を権力基盤とする菅氏と、それに対抗する小沢氏という対立図式が明白になった。官僚支配を打破し、日本の民主主義が閉塞しないようにするためにも、小沢氏が代表に選ばれることを筆者は強く願っている。

（２０１０年９月10日号）

沖縄問題の本質は東京の政治エリートがつくりだす差別

今回の沖縄県知事選挙（２０１０年11月28日投開票）には、二つの要素がある。第一は権力闘争だ。永田町（政界）で、沖縄は選挙戦がもっとも激しい地域の一つであると言われている。「沖縄の選挙は三日戦争だから」という言葉もときどき耳にする。「三日戦争」というのは、投票日前の３日間、ありとあらゆる手段を用いた総力戦が繰り広げられるということだ。選挙ではどちらかが勝つ。そして、勝者と敗者の間にできた感情的しこりがその後も大きく尾を引き、仮に政策的に同意できることであっても「あいつの言っていることには絶対賛成しない」という態度をとることになる。筆者は、今回の沖縄選挙のこの権力闘争の側面には、関心をあえて持たないようにしている。その理由については、後で説明する。

第二は、この選挙の真実の争点だ。それは、東京の政治エリート（政治家、官僚）によってつくられている構造化された沖縄差別との対立図式を目に見えるようにすることだ。構造化された差別について、差別している側はその自覚をもたない。また、差別されている側は、差別の実態を言語化することがなかなかできない。差別を言語化して認識することにたいする理屈を超えた恐れがある。それと、差別されている側において構造的差別を行なう側への過剰同化が必ず生じる。差別される側での混乱が続き、力を結集することができないと、構造的差別はますます強まる。論壇人としての筆者の責務は、沖縄に対する構造的差別を東京の政治エリートに認識させ、それを脱構築するための言葉を見出すことであると認識している。

辺野古移設は疑似争点

さて、沖縄県知事選挙の争点が、米海兵隊普天間飛行場の辺野古崎周辺（沖縄県名護市）への移設の是非という見方があるが、これは間違っている。

沖縄にとって、普天間問題は反基地闘争や反米闘争ではない。反基地闘争ならば、「すべての基地を撤廃せよ」というスローガンになる。そして、その対象は、沖縄に所在する米軍基地のみならず自衛隊基地にも及ぶ。また、反米闘争ならば「アメリカ人は出て行け」という要求になるはずだ。反基地闘争や反米闘争ならば「数字」が大きな問題になることはない。

沖縄が問題にしているのは、米軍基地の過重負担の問題だ。日本の地上面積の0・6％を占めるにすぎない沖縄県に、在日米軍基地の73・8％が存在するという極端な不平等に沖縄は異議を申し立てているのだ。極端に不平等な状態を是正してくれと地元が要求しているのに、それを政府が行なわないのは差別である。

鳩山由紀夫前首相は、このような過重負担を解消する意向を表明したが、実現できずに5月28日の日米合意と閣議了解で自民党政権時代の移設案に事実上回帰した。それに抵抗し、社民党が連立から離脱し、鳩山政権が崩壊した。突き放して見ると、沖縄問題のハンドリングを誤ると、政権が崩壊するという目に見える事例が生じたことは、沖縄にとって重要なカードになる。

鳩山政権時代に、もう一つの構造化された差別が見えてきた。沖縄県以外の都道府県はいずれも普天間飛行場の移設を受け入れる決定をしなかった。その第一義的理由は、都道府県民が反対しているから、その民意を尊重してのことだ。沖縄県民も普天間基地の移設先を沖縄県内にすることに本気で反対している。それなのに、沖縄県民の民主的意向を無視し、辺野古崎への移設を強行することになれば、客観的に見て、沖縄には民主主義原則は適用されないことになる。「日本国は民主主義国である。ただし沖縄県を除く」などというルールは、差別そのものだ。

筆者が見るところ全国紙では、『朝日新聞』だけが、問題の深層に差別があることに気づいているようだ。特に同紙2010年11月4日に行なった仲井眞弘多、伊波洋一両氏の対談が重要だ。この対談については、三七分割にわたる詳報がアサヒ・コムに掲載されている（7http://www.asahi.com/politics/update/1105/TKY201011040519.html）。このやりとりを見ると、安全保障、経済をめぐる論戦の土俵が、もはや地方選挙のレベルではなく、「半国家」を運営しているという自己意識を沖縄の政治エリートが持っていることがうかがわれる。この対談の要旨に関する報道は次の通りだ。

〈普天間「県内は不可能」／安保認識には違い　沖縄知事選2氏

沖縄県知事選（11月28日投開票）に立候補する現職の仲井真弘多氏（71）と、前宜野湾市長の新顔伊波洋一氏（58）が4日、那覇市内で対談した。焦点の米軍普天間飛行場の名護市辺野古移設について、両氏は「不可能」との考えで一致。移設先は、仲井真氏が「日米安保を享受する国民全体で引き受けてほしい」と本土移設を求めたのに対し、伊波氏は「（米軍の戦略上）普天間の部隊はグアムに移る」と国外移転を主張した。

民主党政権は日米両政府が合意している辺野古移設に地元の理解を得たい考えだ。両氏が否定的な考えで足並みをそろえたことになり、知事選後も膠着状態が続くことが確実になった。県内移設に対する考えが似通う両氏だが、解決手法や、日米安保への認識では違いが鮮明になった。

仲井真氏は、日米安保について「まだ安定しておらず、堅持すべきだ」と主張。従来は普天間の県内移設を容認してきたが「（名護市が受け入れに転じても）もう簡単に戻れない。県内はない」と語った。

伊波氏は「日米同盟（日米安全保障条約）を友好条約に転換していく流れを模索していくべきだ」と日米安保の見直し論を展開。普天間は「辺野古を断念させる立場で立候補するので、両政府には断念してもらう」と言い切った。〉

（11月5日『朝日新聞』朝刊）

菅政権の差別的眼差し

当事者である仲井眞氏、伊波氏も、この記事を書いた『朝日新聞』記者も自覚していないと思うが、保守系と見られている仲井眞氏のベクトルは、沖縄独立を指向している。これに対して、伊波氏のベクトルは、日本ナショナリズムの強化を指向している。なぜそうなるのだろうか。米海兵隊普天間飛行場について、〈仲井真氏が、「日米安保を享受する国民全体で引き受けてほしい」と本土移設を求め〉ている。ここから生じる二項対立図式は、「沖縄」対「本土」だ。

菅直人政権は、仲井眞氏を軽く見ているようだ。〈菅政権は、仲井真氏がかつて県内移設を条件付きで容認していたことから、当選後に再び県内移設容認に軸足を移すことを期待している。今後、「自主投票」の形をとりながら、仲井真氏に対する実質的な支援を検討する方針だ〉（10月15日 asahi.com）。『朝日新聞』の報道が真実ならば、菅政権は、沖縄の政治家と有権者を蔑視し、侮辱している。仲井眞氏が県知事選挙で、米海兵隊普天間飛行場の辺野古への移設に反対し、県外という立場を表明しても、当選後、東京の中央政府が圧力をかければ、仲井眞氏は「再び県内移設容認に軸足を移す」ことになるということならば、沖縄県知事選挙における公約は無視していいという理屈になる。そもそも選挙によって示された民意に何の意味もないということになる。こういう態度が沖縄に対する差別的認識なのに、菅政権はそのことを自覚していないのだろう。それから、『朝日新聞』はこの記事を「客観報道」として報じている。この記事を書いた記者は、この「客観報道」の背後にある沖縄に対する差別的眼差しに気づいているのだろうか？

日本は民主主義国である。沖縄県の有権者の直接選挙によって選ばれる知事は沖縄の民意を体現することになる。そこにおいて、公約は死活的に重要だ。沖縄県知事の公約など、中央政府の力でねじ伏せることができるという発想自体が大問題だ。『朝日新聞』の記者が「このような差別的発想を菅政権はもっている」という批判的コメントをつけずに、客観的な情報として報道しているところに、全国紙記者が無意識のうちにもつ問題がある。あえて厳しい表現をすると、主観的には沖縄に対する理解者であろうとする『朝日新聞』の記者ですら構造的差別を自覚できていないのだ。

伊波氏は、〈「（米軍の戦略上）普天間の部隊はグアムに移る」と国外移転を主張した〉。ここで示されている二項対立図式は「日本」対「米国」だ。沖縄は日本の中に包摂されている。従って、伊波氏のベクトルは日本ナショナリズムと親和的なのである。

マスメディアは追認する

知事選をめぐって、「仲井眞・伊波戦争」が展開されている状況だからこそ、筆者にはあえて強調したいことがある。それは、「保守」対「革新」という疑似争点に踊らされていると、現下の沖縄にとっての真実の対立構造が見えなくなってしまうということだ。筆者が見るところ、真実の対立図式は、「沖縄」対「東京の政治エリート」だ。

ここで、対立図式を「沖縄」対「本土」とすることは誤りだ。「本土」の圧倒的大多数の日本国民は、普天間問題に関して無関心だ。このこと自体は決して悪いことではないと筆者は考える。外交や国防・安全保障については、高度の専門知識が必要とされる。また、判断をするために不可欠の情報が、国家機密とされている。したがって、完全情報と専門知識をもっていない普通の国民が、外交や国防・安全保障について考え、判断しなくてもよい環境を作るのが政府の責務だ。仏教用語を用いるのならば、普天間問題に関して、本土の圧倒的大多数の人々は、「無記」（善でも悪でもない中立の立場）をとっている。「無記」で、色が付いていないのだから、マスメディアが流す絵の具の色に染まりやすい。マスメディアの情報は、外務官僚、防衛官僚、さらにこれらの官僚と認識を共有する政治家からの情報によって作られる。

筆者自身、外務省に勤務していたので、外務官僚の能力や論理については皮膚感覚でわかる。普天間問題を担当する北米局やワシントンの日本大使館に勤務する外務官僚はきわめて優秀だ。首相から米海兵隊普天間飛行場について「国外に移設せよ」という命令を受ければ、それを忠実に遂行することができる。米国を説得する理屈としては「沖縄県民の感情を考慮すれば、県内移設を強行することはできません。強行した結果、県民感情が爆発し、沖縄にあるすべての米軍基地が住民の敵意に囲まれるようになり、安全保障機能が著しく低下することが予測されます」と伝えるだけで十分だ。そうすれば、米国も交渉に応じざるを得なくなる。この与件で、抑止力を確保する方法を考えるだけのことだ。

首相が、普天間飛行場を「沖縄県外に移設せよ」という命令を行なった場合、これを遂行することは、国外移設と較べればかなり難しいが、可能と思う。この場合、移設先をどこにするかという議論を先行させてはならない。まず、沖縄に駐留する米海兵隊のコンパクト化に関する日米協議を行なう。そして、抑止力を担保するために合理的かつ十分なレベルに海兵隊を縮小した上で、沖縄県外の受け入れ先を探す。受け入れ先探しについては、政治の課題だ。ここで、安全保障上の負担を沖縄と共有する意思の有無が日本国民に問われることになる。

東京の政治エリートが普天間飛行場の沖縄県外移設を毅然たる意思を持って決定すれば、それが沖縄県外の日本国内であれ、グアム、テニアンあるいは米本土であれ、マスメディアはそれを追認する。筆者が外務官僚として、これまで見てきた経験から、政治エリートが強力な意思をもった外交（国防・安全保障を含む）事案で、その政策がマスメディアによって覆されたことはない。これは、マスメディアが権力の手先となっているからではない。政治エリートから提供される大量の専門的情報を受け、報道していく過程で、当初は政府の政策に批判的であったマスメディアでも必ず同質化していくのである。一見、政府の政策がマスメディアの批判によって覆されたように見える場合でも（北方領土の段階的解決論、日朝国交正常化交渉）、東京の政治エリート内部の亀裂と、権力闘争が反映されたものにすぎない。従来の政策を覆すようなマスメディアの論調を形成する情報も、東京の政治エリートによって流布されるのである。

脅威は内部から出てくる

沖縄に対する構造的差別の象徴となっている普天間問題の解決はもはや沖縄県外移設しかないという単純な真実を東京の政治エリートに認識させ、その方向で政策を組み替えさせることが、沖縄が名誉と尊厳をもって生き残り、日本の国家統合を維持するための唯一の方策なのである。それだから、米普天間飛行場の県内の移設をさせないという仲井眞、伊波両氏の公約を、沖縄の暫定憲章とする必要がある。沖縄県知事選挙よりも、いずれかの候補者が当選した後の「戦後処理」について、明確な見通しをもつことが沖縄の生き残りについて重要と筆者は考える。それだから筆者は権力闘争からあえて距離を置いているのだ。

沖縄にとって、真実の脅威は、沖縄内部から出てくる沖縄県内に普天間飛行場の代替施設を受け入れるという声だ。鳩山由紀夫政権が崩壊する引き金を引いたのも、沖縄県選出の与党の衆議院議員が2010年5月末までに普天間問題を解決しなければ、沖縄の議員として辞職する意向だという匕首《あいくち》を鳩山氏に突きつけたことだ。外務官僚はこの沖縄選出国会議員の沖縄の利益と根源的に対立する見解を「沖縄の声なき声」であるが如く見なし、最大限に活用した。この人は6月以降も衆議院議員の職にとどまっている。こういう人物が、沖縄県知事選挙後に、知事が沖縄県外への移設を主張しても、「沖縄の過疎地域には、経済振興を見返りにすれば、普天間飛行場の代替施設を受け入れる可能性がある」などということを主張すれば、東京の政治エリートは、辺野古崎案を葬り、この人物を代理人として最大限に活用し、沖縄に対する構造的差別の固定化を図ることが目に見えている。

沖縄県知事選挙後に、沖縄の声が分断されないようにする方策を、沖縄を愛するすべての人々が考えるべきだ。たとえば、「沖縄県に米海兵隊普天間飛行場の代替施設を造らせないことの是非に関する県民投票（レファレンダム）」を沖縄県知事選挙からそれほど時間を置かず（筆者の考えでは3〜6カ月以内が効果的）、実施することだ。米国は沖縄県民の民意に関して、東京の政治エリートよりも敏感だ。レファレンダムの結果、総投票者の3分の2以上（絶対過半数）が「沖縄県に米海兵隊普天間飛行場の代替施設を造らせない」という意思表示をすれば、米国が沖縄県内移設を断念し、東京の政治エリートがそれに追従することになる。普天間問題について、知事選挙後、沖縄が東京とワシントンの双方をにらんで意思表示を行なうことで、新たな突破口が開かれる。

「沖縄人」の再確立

そのためには、沖縄人という意識の再確立が必要だ。沖縄人という言葉には、日本人の下位区分である東京人、大阪人、北海道人、九州人と並列的な意味と、日本人の外側にある民族に準じる沖縄人という両義的意味がある。琉球人というと、幕藩体制の異国であった琉球王国の記憶と結び付くので、外部のニュアンスがより強くなる。ここで沖縄人が民族であるか否かという問題については、あえて踏み込まない。ロシア語にナロードノスチ（народность）という言葉がある。日本語では、亜民族と訳されることが多い。民族（Nation・ネーション）とは、米国の政治民族学者ベネディクト・アンダーソンが述べているように、「想像の政治的共同体」で、200年強の歴史しかもたない近代の産物だ。それが、いにしえの昔から存在するという錯認をわれわれ近現代人はしている。この錯認に民族の強さがある。それでは、近代的な民族が成立する以前に、民族のような共同体は存在したのだろうか。ロシアの民族学者たちは、「存在した」と考え、それを亜民族と呼んだ。ここで重要なのは、近代化とともに亜民族がすべて民族になるわけではないということだ。ある亜民族は、他の亜民族とともに近代的な民族をつくりだした。別の亜民族は、先行して形成された民族に完全に同化した。しかし、他民族に基本的に同化しながらも亜民族としての自己意識をもつ共同体もある。突き放してみると、沖縄人は日本人に同化しつつあるが、完全に同化することはできない宿命にある亜民族なのである。

筆者は暫定的に沖縄人を次のように定義する。

「1、沖縄人とは、沖縄共同体を祖先とする自己意識を持つ人。
2、1以外の人で、沖縄共同体に参加するという意思を持ち、行動する人」

沖縄に住んでいるという地理的条件や沖縄で生計を立てている経済的条件、あるいは沖縄方言（琉球語）を解するなどの指標を沖縄人の基準に据えようとするのは、「民族とは、言語、地域、経済生活、および文化の共通性のうちにあらわれる心理状態、の共通性を基礎として生じたところの、歴史的に構成された、人々の堅固な共同体である」というスターリンによる民族定義の残滓から抜け出すことができていない人だ。

沖縄人が民族になるか否か、現時点で確定的に述べることができる人は誰もいない。東京の政治エリートが沖縄に対する構造的差別をこのまま続けると、沖縄人という自己意識が民族的性格を帯びる。このとき重要なのは民族が出現するときに必ず生じる「敵のイメージ」だ。現政権の普天間問題に対する対処が沖縄人の日本に対する「敵のイメージ」を形成し始めていることに、東京の政治エリートはあまりに鈍感だ。

（２０１０年11月12日号）

再選した仲井眞弘多知事を襲う外務省沖縄事務所の策動

２０１０年11月28日の沖縄県知事選挙では、現職の仲井眞弘多氏が伊波洋一氏（前宜野湾市長）を破り、再選された。12月2日、総理官邸で仲井眞知事は菅直人総理と会談した。同日夜の会見で、この会談に関して菅総理は記者と以下のやりとりをした。

〈――今日、仲井真沖縄県知事と会談された。知事は当選してからも、改めて米軍普天間基地の県外移設を求めているが、総理として日米合意を踏まえることが難しくなったという認識はないか。

「今日、仲井真知事が当選されて来られましたので。私から、お祝い申し上げると同時に、いくつかの話を致しました。今、お話があったように、仲井真知事のほうから自分は県外という公約をしたんだと、おっしゃったので。それをもちろん、聞かせて頂きました。そのうえで、私たちは知事の公約はよく承知をしていると。しかし、政府としては5月28日の日米合意を踏まえて、それに加えて、沖縄の基地の負担の軽減のために全力を尽くしていきたいと。また、いろいろ経済問題も出ていましたので。そういう面でも進めていきたいと、こういうふうに申しあげまして。いろいろ話し合っていこうということでは、お互いに了解できたかなと、こんなふうに思っております」

――沖縄にはいつ訪問するか。

「少し適切な時期を今、いつがいいか検討しているところです」

――来年春の訪米までに普天間問題を解決できるか。

「これはあの、外務大臣も話をしていますが。もちろん、広い意味で日米関係の重要な問題ではありますけれども。何かこの期限を切ってうんぬんというふうな形では考えていません」〉(12月2日 asahi.com)

玉虫色ではない主張

ここから二つの事実が明らかになった。第一は、米海兵隊普天間飛行場の移設問題の解決について、菅政権は「期限を切らない」という方針を決めたことだ。5月28日の日米合意と閣議了解の柱は、8月末までに沖縄県名護市の辺野古崎周辺に移設する飛行場の工法を確定し、近未来の移設を是が非でも実現するということだった。今回の沖縄県知事選挙の結果を受けて政府が時限性について断念せざるを得なくなったということは、沖縄の民意の勝利である。

ただし、菅総理は、沖縄の基地負担の軽減と経済振興という二つのカードで、仲井眞知事を説得し普天間飛行場の辺野古崎周辺への移設を受け入れさせるというシナリオを断念していない。この会見で明らかになった第二の事実は、時限性については譲歩するが、方向性については5・28日米合意を踏襲するというゲームを今後、展開するという政府の意向だ。要するに、鳩山前政権の退陣というコストを支払って5・28日米合意を取り付けたのだから、菅政権にとって本件は処理済みの過去の問題である。日本国家全体のために沖縄が犠牲になるという国家意思が確定したのだから、沖縄はそれに従えということだ。恐らく、この方針を貫けば仲井眞知事が辺野古容認に回帰するという期待を菅総理は持っているのであろう。

これに対して官僚は、より冷徹に事態を受け止めているはずだ。『沖縄タイムス』の渡辺豪記者が、〈ただ、今回の仲井真氏の公約でこれまでの保守系知事と異なるのは、普天間移設問題で「条件付き県内移設容認」や県内移設容認に含みをもたせた主張を掲げていない点にある。「県内反対」とは言わずとも、「辺野古は無理。県外へ」と繰り返しており、仲井真氏の主張は決して玉虫色ではない。普天間基地への対応で、民意を裏切るかたちになれば、県民の猛反発を受け、仲井真県政の足場は崩れるだろう〉（渡辺豪「オール沖縄／普天間「県外移設」の民意」『世界』２０１１年１月号）と指摘している。官僚もこの認識を共有していると思う。

辞任と引き替えに!?

ところで、筆者は外交官時代、インテリジェンス業務に従事していた。インテリジェンス（intelligence）という言葉がラテン語のinte（〜の間）とlegere（組み立てる）から合成されていることからも明らかなように「目に見えない構造を読み解く技法」だ。

外務省は沖縄担当大使というポストを持っている。特定の県のみを対象とする唯一のポストだ。沖縄大使には有能な人物が任命される。現在の樽井澄夫大使は、チャイナスクールの幹部で、主要国の大使になってもおかしくない人物だ。また、外務省沖縄事務所にはワシントンやモスクワの日本大使館に設置されているのと同じ高度な暗号（秘や極秘だけでなく、極秘限定配布［ピンク色の紙に印刷された秘密度の極めて高い公電］、部内連絡［この指定は存在しないことになっている。極秘限定配布よりさらに秘密度の高い公電。水色の紙に印刷されている］、館長符号［大使しか見ることのできない公電］）をかけることができる通信機材と暗号の専門家である電信官が配置されている。

外務省は公式には絶対に認めないが、筆者は外務省沖縄事務所が沖縄で協力者を養成し、秘密裏に情報を収集、その情報を評価、分析し、外務本省に秘密公電で報告するインテリジェンス業務に従事していると見ている。もちろん外務省報償費（機密費）も外務省沖縄事務所に割り当てられている。

沖縄県庁職員や県議会議員、宜野湾市や名護市の人々、『琉球新報』と『沖縄タイムス』の記者は、外務省沖縄事務所の職員と接触するときは細心の注意を払った方がよい。会話の内容が公電で外務本省やワシントンの日本大使館に報告される可能性がある。また外務省職員に食事や酒を奢られた場合、報償費の支出先に名前が記され、情報提供者にされてしまう危険がある。国内におけるインテリジェンスを用いた情報収集や工作活動は外務省の任務ではない。外務省沖縄事務所が何を行なっているかについて、またそれには法令上、どのような根拠があるかについて、国会の場で明らかにさせた方がよい。

「蛇の道は蛇」である。筆者は対沖縄インテリジェンス業務についている外務官僚の論理を容易に推定することができる。仲井眞知事にとって、辺野古案を受け入れることは政治的自殺行為である。それならば、仲井眞氏の知事辞任と引き替えに、辺野古案を強行するというシナリオを外務官僚は考える。仲井眞氏は通産官僚出身だ。それだから、官僚の暴力性を皮膚感覚で理解している。尖閣問題、日米同盟の維持、沖縄の地域振興などのカードを用いて霞ヶ関（官界）が一体となって沖縄に圧力をかける。そうすれば、仲井眞氏が「自分が捨て石になって、辺野古を受け入れるしか沖縄が生き残る道はない」という心理に傾く。こうして、沖縄は絶対に東京の政治エリート（国会議員、官僚）の意思に反する決断が行なえないという「ゲームのルール」を定着させようとしているのだ。

これから、沖縄と東京の政治エリートの政治生命を賭した戦いが始まる。沖縄がこの戦いに勝つためには、官僚陣営の先兵である外務省沖縄事務所の活動を徹底的に監視し、策動できなくすることだ。

（2010年12月10日号）

再選した仲井眞弘多知事を襲う外務省沖縄事務所の策動

ケビン・メア氏復権が沖縄人に与えた衝撃と落胆

ギリシア語にはカイロスとクロノスという2つの時間概念がある。西洋古典学者の大貫隆氏は、〈カイロスは宿命あるいは神意によって配剤され人間に決断的応答を要求する決定的時点、クロノスは通時的経過において見られた定量的時間を意味する〉(『岩波 哲学・思想事典』岩波書店、1998年、216頁)と定義する。平たい言葉に言い換えると、われわれが日常的に用いている時間がクロノスで、これに対して特別の意味を持つ英語でタイミングという時間がカイロスだ。東日本大震災が発生した2011年3月11日14時46分はまさにわれわれにとってカイロスである。その後、日本の国家構造が変貌しつつある。新自由主義と親和的な自由貿易主義から、合理的な保護主義へと国策の転換が行なわれるであろう。国際社会も今後5年くらいは日本を例外的に取り扱うことになると筆者は見ている。

東京電力福島第一原子力発電所の危機的事態をこれ以上悪化させず、難局を乗り切るためには、民間企業である東電や協力会社、さらに原子力専門家の力が不可欠だ。状況によっては、これらの民間企業の人々に対して、国家が自己犠牲を求めることもある。また、被災地を復興させるためには、投機行為の防止、防災都市建設、産業振興などの名目で国家による国民、企業などへの介入が強化されることも必至だ。このような国家機能の強化が誤った方向に進むと沖縄が日本から離反する。

沖縄2紙の社説

筆者も、東京の国会議員、官僚、有識者、記者から「東日本大震災に沖縄に駐留する米海兵隊が大きな貢献をした。このことを踏まえ、政府は毅然たる姿勢で米海兵隊普天間飛行場の辺野古移設を推進すべきだ」という見解をよく耳にするようになった。沖縄はこのような東京のエリート層の動きに対して警戒を強めている。3月22日付『沖縄タイムス』の社説はこう指摘した。

〈在沖米海兵隊が「普天間飛行場の死活的重要性が証明された」とアピールしているのは理解に苦しむ。災害支援を理由に現施設規模を維持する必要性を主張する。／普天間移設問題が日米間の重要な懸案であることを承知しながら、米軍当局が震災の政治利用を画策しているのなら、文民統制の観点から見逃せない。／それとこれとは別である。／ごちゃ混ぜにすると、災害の一線で使命感を持って「トモダチ作戦」に従事する兵士らに失礼だ。火事場泥棒に似た行為に兵士を巻き込むことになるからだ。／基地問題と絡める救援を被災者はどう受け止めるだろうか。震災

の政治利用は厳に慎むべきだ。〉

米軍の支援活動について「火事場泥棒に似た行為」という形容をする全国紙はないと思う。『琉球新報』の3月18日社説はさらに厳しく、以下の警鐘を鳴らした。

〈災害支援は売名行為ではない。人道上の見地から本来、見返りを期待しない、崇高な精神でなされるべきものだろう。／在沖米海兵隊は「普天間基地の位置が、第3海兵遠征軍の災害活動に極めて重要であることが証明された」「普天間基地が本土に近いことは極めて重要」と普天間飛行場の地理的優位性を強調する。／悲しみに打ちひしがれる死者・行方不明者の家族や被災者への配慮はないのか。そもそも近傍の基地ではなく、被災地から遠く離れた普天間基地がなぜ重要なのか。地震発生から3日経ての出動なのに「即応」でもあるまい。／米軍の説明は、独り善がりで筋が通らない。政治的打算に基づく言動は、県民、国民の米外交に対する信頼回復にとって、かえってマイナスだろう。／「沖縄はごまかしとゆすりの名人」などと差別発言をして更迭された米国務省のケビン・メア前日本部長を東日本大震災の日米間の調整担当に充てたのも不可解だ。／メア氏は発言発覚後も学生が作成した発言録について「正確でも完全でもない」と非を認めず、今もって県民に謝罪をしていない。／日本の「和」の文化を「ゆすり」と同一視する差別発言をしながらこれも撤回せず、災害支援で復権を目指すつもりか。発言の撤回も反省もない人種差別主義者の復権など願い下げだ。／はっきりさせよう。米軍がどのようなレトリックを使おうとも、県民を危険にさらす普天間飛行場やその代替施設は沖縄にいらない。〉

メア氏復帰の衝撃

東日本大震災後、日本と沖縄の関係もカイロスに直面している。もはや日本国家内部の「沖縄vs本土」という構図に収まらない「何か」が生まれている。もちろん現段階では、「沖縄（あるいは琉球）vs日本」という対立図式には至っていない。それは沖縄人がそのような構図を意識することを心理的に抑圧しているからだ。筆者は半分沖縄人なので、言語化されない沖縄人の集合的無意識が皮膚感覚でわかる。全国紙が事実関係のみを小さく報じただけの、3月10日に更迭された米国務省のケビン・メア前日本部長が、東日本大震災支援に関する日米間の調整係に任命されたことが沖縄人に対して与えた衝撃と落胆を東京の政治エリート（国会議員、官僚）と記者は正確に把握していない。メア氏の差別発言がまさに東京の政治エリートの認識を反映したにすぎないものだというのが沖縄人の認識だ。このような人物が東日本大震災を口実に対日外交に再度関与することになったことに東京の政治エリートのみならず全国紙が何の抵抗感ももたないことに対して、「いったいあの人たちはわれわれ沖縄人を国民同胞と見なしているのだろうか」という不安を感じているのだ。

この問題に関して『エルネオス』4月号が興味深い記事を掲載している。

〈メア米国務省日本部長が「沖縄県民はごまかしとゆすりの名人」と発言した問題が波紋を呼び、3月10日には辞任に追いやられた。／ところが、発言が伝えられた当初、防衛省内では多くの官僚が「メア発言は真実だ」と喝采を叫んでいた。／「沖縄県庁も普天間移設先の名護市も、こちら（防衛省）が移設の条件を提示すると拒否し、ではそちらから条件を出してほしいと依頼して出してきた条件をこちらが検討して、それを受諾する旨通知すると、さらに追加条件を出してくる。メアが言ったことは本当ですよ」と苦々しく語るのは、沖縄防衛局で米軍基地対策や連絡調整業務に当たった現役官僚。（以下略）〉

「メアが言ったことは本当ですよ」という防衛官僚のレトリックは真実でない。防衛官僚の説明をメアが鵜呑みにしているに過ぎない。今後、東京の政治エリートの中で「日本全体のために海兵隊が必要なのだから沖縄はそれを受け入れよ」という強圧的主張が強まる。そうなると沖縄から「われわれは日本にとどまらなくてもいい」という潮流が力をもち日本の国家統合が危機に瀕する。もっとも事態の本質をよく理解している政治家もいる。安全保障問題に通暁する民主党の閣僚経験者が筆者に「私も海兵隊の復興支援を見せて、普天間問題をどうこうすべきでないと考えています。こういう時期だからこそ沖縄の人々ときちんと話をしなくてはならない」と述べた。こういう見識を持つ政治家が真の愛国者なのである。

（2011年4月8日号）

米国国務省の公電で見えた米国と沖縄への異なる顔

社会にとって国家は外挿的存在だ。英国の社会人類学者アーネスト・ゲルナーは、人類史を社会構造的観点から前農耕（採集狩猟）社会、農耕社会、産業社会の3段階に区分する。いずれの段階においても社会は存在する。これに対して国家は常に存在したわけではない。

〈採集狩猟集団は、国家を構成するような政治的分業を受け入れるにはあまりにも小規模であり、過去においてもそうであった。したがって、彼らにとっては、国家の問題、つまり、安定し専門化した秩序強制の組織の問題は本当には起らない。対照的に、決してすべてのではないが、多くの農耕社会は国家を与えられてきた。これらの国家のあるものは強く、あるものは弱く、またあるものは専制的で、あるものは遵法的であった。その形態はそれぞれ非常に異なっている。人類の歴史における農耕社会の段階は、国家の存在がいわば選択肢であるような時期であった。さらに国家の形態は著しく多様であった。採集狩猟の段階では、この選択肢は存在しなかったのである。／それに対し、ポスト農耕社会、つまり産業社会では、再び選択肢が失われた。しかし、今度は国家の不在ではなく存在が避けられないものとなったのである。〉（アーネスト・ゲルナー［加藤節監訳］『民族とナショナリズム』岩波書店、２０００年、８〜９頁）

現代の日本人には、国家がない社会を皮膚感覚で理解することが難しくなっている。もっとも、中央政府が自国領域全体を実効統治できていないアフガニスタンやグルジア（ジョージア）においても一部の人々は国家に依存しない生活を実感しているはずだ。

国民益と官僚の利益

さて、国益には社会を形成する国民を主体とする国民益と国家機関を実体的に担う官僚の利益を体現する国家益がある。普段は国民益と国家益は一体であると擬制されているが、それが崩れるときがある。ウィキリークス（ＷＬ）による米国国務省の公電暴露がその例だ。マスメディアの職業的良心は、国民の知る権利に奉仕することである。報じられた内容が真実であるか否かが基本的な判断基準だ。ただし、かつて外交官として秘密交渉やインテリジェンス業務に従事した経験のある筆者としては、国家には秘密にしなければならない情報があると考える。筆者が外交官時代に作成した北方領土問題に関する情報収集やロビー活動に関する秘密公電の中に現在でも表に出ると情報源の関係者に不利益が及び、日本の国益を毀損する内容のものがある。またインテリジェンスの世界には、国際的に確立したゲームのルールがある。例えば「サード・パーティー・ルール」だ。インテリジェンス機関から得た秘密情報を、第三者に伝えるときは、情報提供者の了承を事前に得なくてはならないという掟である。この掟を破った者や組織は、インテリジェンス・コミュニティーから排除される。インテリジェンス活動ができなくなるということは、国家益を著しく毀損する。そして、そのことが結果として国民益も毀損することになると筆者は考える。

2009年5月4日付『朝日新聞』がWLから入手した米国国務省の公電をもとにした特集記事を掲載した。掲載にあたって『朝日新聞』ゼネラルエディターの西村陽一氏が「信憑性確認厳選して公開」と題する署名原稿を書いている。『朝日新聞』が国民益と国家益の対立について真剣に考えていることがわかる。まず、〈私たちは報道内容についてWLから制約を受けていません。金銭のやりとりも無論ありません。私たちはWLを一つの情報源と見なし、独立した立場で内容を吟味しました〉と述べる。WLを協力者ではなく、「一つの情報源」と見なすということがポイントだ。事件報道で犯罪者と協力することはできないが犯罪者を情報源として国民の知る権利に応える報道を行なうことは可能である。さらに『朝日新聞』の立場についてこう説明する。

〈WLは完全な透明性こそが民主主義を保証すると唱えています。これに対し、外交に秘密はつきものであり、恣意的な暴露は国益を害すると政府は主張します。私たちは「知る権利」の行使を国民から負託されている報道機関として、政府に最大限の情報公開を求めてきましたが、一方で「知る権利や説明責任」と「秘密の保護」は衝突を免れません。その均衡をどうとるかについては次のように考えました。／まず、欧米メディア同様、公開によって個人の生命、安全を危険にさらす恐れがあると判断できる情報、諜報に関する機微に触れる情報は掲載を見送りました。〉

歓心を買おうとする

『朝日新聞』は、WLと政府の立場の中間をとったというよりも、国民益と国家益が擬制された国益の立場から報道を考えている。それは個人の生命、安全に危険が生じる情報のみでなく、インテリジェンス（諜報）に関する機微に触れる情報を排除していることに顕著に表れている。

西村氏は、『朝日新聞』の報道が外交交渉に対して与える影響についてこう考えている

〈外交交渉に著しい打撃を与えるかどうかも考えました。公電に最高機密指定の文書はありませんでした。外交官の内々の解釈や個人的な印象などは、表に出れば当事者を困惑させるだろうと予想されましたが、それらが交渉を著しく阻害するとは判断しませんでした。公開によって社会が得る利益と不利益を真摯に比較し、情報を厳選しました。／そのうえで、①政府の国民に対する説明に大きな齟齬がなかったかどうかを検証する②膨大な断片情報を同時代の外交の文脈に位置づける③どのように政策が決められ、日米間でどのような交渉が進められ、米国は日本をどう

見ていたのかといった点を再整理する――といったことは、報道機関の使命であり、公益に資すると判断しました。〉

西村氏は、「公益に資する判断」と述べるが、筆者の理解では、これは社会（国民）を代表する公益というよりも、それに国家益が加わった国益だ。『朝日新聞』の特集記事で取り上げられた内容のほとんどが沖縄問題であることは偶然でない。それは日本の国家体制の矛盾が沖縄に集中して現れているからだ。国益の観点から、いまここで日本の政治エリート（政治家、官僚）の沖縄に対する姿勢を再検討し、是正しなくてはならないのである。『朝日新聞』は解説で、〈沖縄の米軍普天間飛行場移設問題をめぐる一連の公電群の場合、そこから読み取れるのは、米国と日本、沖縄と本土、政治家と官僚、それぞれがお互いに抱いていた不信だ。／日本の政治家たちはしばしば沖縄に対する時と米国に対する時で異なる顔を使い分け、その場しのぎで相手の歓心を買おうとした〉と指摘する。確かにその通りだ。筆者の理解では、政治エリートが無意識のうちに持つ米国に対する劣等感、沖縄に対する差別意識が、その場しのぎで相手の歓心を買おうとするような「顔の使い分け」を可能にするのである。『朝日新聞』のＷＬ特集は沖縄をめぐり日本の国家統合が危機に瀕していることを浮き彫りにしている。

（２０１１年５月13日号）

第3章　玄葉外相など相次ぐ閣僚の問題発言

野田佳彦新政権の最初のハードルは普天間問題だ

外交・安全保障問題が野田佳彦新首相のアキレス腱になる。野田首相は、外相に玄葉光一郎衆議院議員、防衛相に一川保夫参議院議員を任命した。2人とも外交・安全保障分野での経験がない。野田首相が外交において主導権を発揮したいのでこのような人事を行なったのであろう。

辺野古移設は無理

2011年9月2日の就任記者会見で、野田首相は、外交に関する基本的考え方についてこう述べた。

〈新興国が台頭し、世界は多極化しています。アジア太平洋を取り巻く安全保障環境は大きく変動しつつあります。こうした中で、時代の求めに応える確かな外交、安全保障政策を進めなければなりません。その際に軸となるのは、私はやはり日米関係であると思いますし、その深化・発展を遂げていかなければならないと考えています。昨晩もオバマ大統領と電話会談をさせていただきました。私の方からは、今申し上げたように日米関係をより深化・発展をさせていくことが、アジア太平洋地域における平和と安定と繁栄につながるという、基本方針をお話をさせていただきました。国連総会に出席をさせていただく予定でありますけれども、直接お目にかかった上でこうした私どもの基本的な考え方を明確にしっかりとお伝えをするところから、日米関係の信頼、そのスタートを切っていきたいと思います。〉（首相官邸ＨＰ）

この発言には政治家としての独自判断が含まれていない。外務官僚が作成した発言要領をそのまま読み上げただけだ。国連総会に出席するために9月下旬に野田首相は訪米する。その機会にオバマ米大統領と日米首脳会談が行なわれることになる。この首脳会談での対応を誤ると、野田首相は沖縄問題で窮地に立たされることになる。

「対応を誤る」とは具体的にどのようなことであろうか。野田首相が、米海兵隊普天間飛行場の辺野古移設の実施に関して実現不能な合意をオバマ大統領に対して行なうことだ。外務官僚の説明だけを聞いていると、辺野古への移設が最良のシナリオのように思えてくる。さらに外務官僚は、野田首相が決断力を発揮し、辺野古移設を強行することが日米同盟の深化と発展に寄与するという説明を行なうであろう。外務官僚の口車に野田首相が乗せられて、辺野古移設に着手する具体的時期についてオバマ大統領に約束すると、新政権の権力基盤が著しく不安定になる。

辺野古移設は、絶対に実現できない。沖縄にとって、普天間問題は安全保障の問題である以前に、東京の政治エリート（国会議員、官僚）の沖縄に対する構造的政治差別を象徴する事案になっているからだ。日本の陸地面積の0・6％を占めるに過ぎない沖縄県に在日米軍基地の73・8％が所在しているのは著しい不平等だ。日本政府がこの不平等な状況を是正しないのは、そこに構造的差別があるからだ。もっとも差別が構造化している場合、差別をしている側は、自らが差別者であることを意識していないのが通例である。

沖縄人は、いつかこの状況に気づいてくれる良心的な政府が誕生することに期待していた。政権交代で権力を握った鳩山由紀夫首相は、普天間飛行場の移設先について沖縄県外を検討する方針を明らかにした。沖縄人はようやく、差別を解消する政治指導者が生まれたと喜び、鳩山首相の政治決断に期待した。辺野古移設が国益と信じる外務官僚、防衛官僚が政治家を巻き込み、鳩山包囲網を構築した。鳩山首相は包囲網を突破出来ず、2010年5月28日に普天間飛行場の移設先を辺野古崎周辺と明記した日米合意と閣議決定を行なった。その結果、社民党が連立を離脱し、鳩山政権は崩壊した。

沖縄人の名誉と尊厳

ここで沖縄人は、東京の政治エリートによる差別を皮膚感覚で実感した。沖縄県以外の都道府県が米海兵隊の基地を受け入れないのはなぜだろうか。それは地元の住民が反対しているからである。大多数の住民が本気で反対している政策を押し付けないのが民主主義の大原則だ。普天間飛行場の沖縄県内への移設に対して圧倒的大多数の沖縄県民が反対している。辺野古がある名護市の市長、市議会の多数派も反対している。このような状況で日本全国で沖縄県だけに米海兵隊を受け入れろというのは、沖縄には民主主義原則が適用されないということに他ならない。

これは客観的に見て差別以外のなにものでもない。沖縄差別を容認することになる米海兵隊普天間飛行場の沖縄県内への移設を容認すれば、沖縄人の名誉と尊厳が否定される。この認識は沖縄の保守陣営にも共有されている。利権で沖縄県内移設を実現する「アメとムチ」の政策はもはや通用しないのである。機動隊を導入し、移設を強行しようとすれば、沖縄全体で「島ぐるみ」での反対闘争が展開される。さらに「このような仕打ちをする政府はわれわれの政府ではない」という機運も強まり、沖縄の日本からの分離機運が醸成される可能性もある。

沖縄の世論は野田政権の普天間問題に対する姿勢について既に強い警戒感を持っている。

〈野田新首相は、民主党新代表に選出された8月29日午後の会見で、普天間問題について「日米合意を踏まえ、できるだけ沖縄の負担を軽減していく。菅政権の政策を継承していきたい」と述べ、名護市辺野古に移設するとした菅内閣の方針を踏襲する考えを早々に披露。政権交代後、「最低でも県外」とした鳩山由紀夫元首相の辺野古回帰には、外務・防衛を中心とした官僚の包囲網が作用したが、普天間問題に直接関わった経験のない一川防衛相、玄葉外相の新閣僚が官僚に抗して日米合意見直しに臨む可能性は低い。日米同盟や安全保障政策上の重要性といった〝原理原則〟を盾に、日米合意推進を地元に押し付けることが予想される。

一方、8月30日の菅内閣総辞職で防衛省を去った北沢氏。同日の会見で「議論することはあっても、信頼関係をつくることが大切だ」と強調し、信頼関係づくりに奔走した〝実績〟を後任に伝授する考えを示した。

県は、普天間問題について党サイドからの圧力が強まることを警戒する。ある県幹部は、同じく日米合意を推進する前原誠司前外相が党政調会長に就任したことも含め「前原氏と北沢氏が組み、党側から沖縄に厳しく迫るのではないか」と警戒感を隠さない。〉(9月3日『琉球新報』電子版)

この記事中、「ある（沖縄）県幹部」が表明した北澤俊美前防衛相と前原誠司元外相（民主党政調会長）に対する危惧はピントがずれている。まず北澤氏は防衛相のポストを外れた後に、普天間問題に影響を与える政治基盤を有していない。前原氏については、辺野古移設で沖縄を説得するという立場だ。ただし前原氏は、沖縄の同意を得ずに政府が辺野古移設を強行することはしないという姿勢を堅持している。「生意気な沖縄の連中が言うことなど無視して、日米同盟を深化するために辺野古移設を強行せよ」という外務官僚、防衛官僚の暴走を抑える機能を前原氏は果たしているのである。

（2011年9月9日号）

オバマ大統領発言問題に対する玄葉光一郎外相の対応

２０１１年9月21日（日本時間22日）、ニューヨークで行なわれた日米首脳会談で前代未聞の不祥事が起きた。同30日発売の本誌「金曜アンテナ」でも詳しく報じられているが、米国のオバマ大統領が野田首相に対して述べたとされる「結果を求める時期に近づいている」との発言が、実際は存在しなかったことが明らかになったからだ。

会談の「核心部分」

9月26日の衆議院予算委員会において自民党の石原伸晃幹事長が、「日米首脳会談ではオバマ大統領より期限を触れて約束の履行を守るよう求められた。このような状態の中で、普天間の移設について、いつまでに結論を出すのか、具体的に（述べて欲しい）」と質したのに対し、野田佳彦首相は以下の答弁をした。

「オバマ大統領との会談の中での普天間についての議論は、私の方から日米合意に則って日米が協力しながら進めていく、その際には、普天間に固定化することなく、沖縄の負担軽減を図っていく、そういうご説明を、しっかり沖縄県民のみなさまにしながら、誠心誠意お伝えをしてご理解をいただくという基本的姿勢を申し上げた。時期が云々というのは、大統領本人というよりも、ブリーフ（説明）をした方の個人的な思いの中で出たんではないかと思う。オバマ大統領のお話は『その進展に期待をする』という言い方であった。いつまでにというのをなかなか明示することは困難だが、誠心誠意説明しながら、ご理解をできるだけ早い段階で得られるように努力していく」

予算委員会における質疑に関して質問者はあらかじめ政府に質問通告を行なう。日米首脳会談に関する質問ならば、外務省が主管する。そして外務省が答弁案を作成する。野田首相の「時期が云々というのは、大統領本人というよりも、ブリーフをした方の個人的な思いの中で出たんではないかと思う」という答弁は、日米首脳会談の報告公電を精査した上で行なわれたものだ。ちなみに首脳会談の場合、逐語の会談記録が作成される。オバマ大統領の発言を通訳が意訳をしている場合、機微に触れる表現については、英語でどのような表現がなされていたかについても記す。新聞やテレビがオバマ大統領の発言として報じた「結果を求める時期に近づいている」という表現が日本側の公電に存在しないので、野田首相は国会でこのような答弁をしたのだ。

オバマ大統領が米海兵隊普天間飛行場の移設問題について「時期に近づいている」という時限性、「結果を求める」という内容を求めたならば、これはまさに今回の日米首脳会談における核心部分である。事実、日本のマスメディアのほとんどは、オバマ大統領が「結果を求める時期に近づいている」と発言したという前提で、２０１０年5月28日の日米合意と閣議決定に基づく普天間飛行場の辺野古（沖縄県名護市）への移設を急ぐべきであるという主張を展開した。しかし、その前提となるオバマ発言が存在しなかったとするならば、事態はまったく異なってくる。この問題を鋭く追及しているのが『琉球新報』だ。9月27日付同紙社説は、〈「結果を求める時期が近づいている」と言われれば、早期解決を迫られたような印象を持つ。「進展に期待する」という表現とはニュアンスが違ってくる。首相が国会で虚偽の答弁をするとは思えない。日本の世論を県内移設容認へ誘導しようと米国が情報操作を図った可能性も否定できない。／不可解なのは外務省の反応だ。幹部職員が会談に同席し、大統領の発言を正確に把握していたにもかかわらず、事実と異なる情報が独り歩きするのを黙認した。情報操作の片棒を担いだも同然だ。／内容が間違って伝えられたのだから、米国務省に抗議して修正を要求するのが筋だろう。米国が「白」と言えば黒い物でも「白」と言わなければならないとすれば、これほど情けない話はない〉と書いたが、筆者も同意見だ。これは「受け止めの違い」というレベルの話ではなく、「言ったか、言わなかったか」という重要事項の事実関係をめぐる問題だ。

外相の良心を問う

米国国務省はキャンベル次官補のブリーフ記録を公開している。それによるとキャンベル次官補は、「私が思うに、双方がわれわれは結果を求める時期に近づいていることを理解しており、そして、そのことは大統領によって非常に明確にされた（I think both sides understand that we're approaching a period where we need to see results, and that was made very clear by the President.）」と述べている。狡猾な外務官僚は、「私が思うに（I think）」という言葉が文章全体にかかっているというこじつけをして、キャンベル次官補が自らの認識を述べたにすぎないとして、スピンコントロール（情報操作による危機管理）をしようとしている。しかし、それは通用しない。なぜならキャンベル次官補がはっきりと「そのことは大統領によって非常に明確にされた」と述べているからだ。そもそもブリーファー（説明者）の仕事は、記者団に日米首脳会談の内容について事実を伝えることだ。大統領の発言と混同するような表現でブリーファーの「個人的な思い」を伝えることは禁じ手である。

日本国民は、日米首脳会談について「知る権利」を持つ。ただし存在しないオバマ大統領発言で情報操作される「ウソを知る権利」ではない。日本国民の「真実を知る権利」を知るために奉仕するのが外務省の仕事だ。9月30日の記者会見における『琉球新報』の松堂秀樹記者と玄葉光一郎外相の以下のやりとりを見ると沖縄に背を向ける外務省の体質が浮き彫りになる。

〈【琉球新報　松堂記者】米国側に対して事実関係の確認など、訂正を求めたりすることはありませんでしょうか。

【大臣】特に必要ないと私（大臣）は思っていますが。たしかブリーフの内容を読みましたけれども、そんなに大きく違っているように、私（大臣）にはあまり見えませんけれども、いずれにしても具体的な進展を期待しているということだったのではないかと。

私（大臣）自身からは、日米外相会談では、沖縄の負担の軽減などについても要請したところでありますけれども、それぞれというか、厳しい国内事情を抱えている中で、何とか全力を挙げて理解を求めることをしていかなければいけないと思っています。〉

玄葉外相がキャンベル次官補のブリーフ記録を読んで、野田首相の国会答弁と「そんなに大きく違っているように、私にはあまり見えません」と本当に思っているならば、玄葉氏の日本語読解能力に欠陥があるということになる。玄葉外相は松下政経塾の入塾試験に合格しているのだから、国語力が基準に達しないほど低いとは考え難い。それならば、差異をあえて無視するという政治的判断をしたということだ。この場合、玄葉光一郎氏という人間の良心が問われることになる。このような不誠実な言い逃れに腐心している玄葉外相が沖縄との信頼関係を構築することは絶対にできない。

（2011年10月7日号）

守屋武昌主義の継承者としての玄葉光一郎外相

2011年10月26日の衆議院外務委員会において、玄葉光一郎外相が歴史に残る暴言を吐いた。

〈普天間「県外」発言は誤り＋鳩山政権終わると思った─玄葉外相

玄葉光一郎外相は26日午前の衆院外務委員会で、米軍普天間飛行場（沖縄県宜野湾市）の移設先を鳩山由紀夫元首相が「最低でも県外」と発言したことについて、「私はあの時点であああいう発言をしたのは誤りだったと思っている」と述べた。自民党の河井克行氏に答えた。／鳩山氏の発言は2009年7月、民主党代表として衆院選前に沖縄を遊説した際に出たもので、その後、普天間問題をめぐり鳩山政権は迷走。玄葉氏は「あの発言を聞いて、恐らくこの問題で（鳩山政権は）終わるんじゃないかと思い、現実のものになってしまった」と語った。〉（10月26日、時事通信）

謝ることができない

日本の陸上面積のわずか0・6％を占めるに過ぎない沖縄県に在日米軍基地の73・8％が所在する。構造的差別が沖縄に埋め込まれているからこのような事態が生じているのだ。鳩山氏が、「最低でも(沖縄)県外」と主張したことは、沖縄差別を解消する政治的意思を示したという意義がある。

玄葉氏は、10月28日の記者会見で、奇妙な釈明を行なった。〈玄葉光一郎外相は28日の記者会見で、米軍普天間飛行場の移設先をめぐり、政権交代前に「最低でも県外」と表明した鳩山由紀夫元首相の発言を「誤りだった」と指摘したことについて、「沖縄の皆さんの期待値を高めて(移設先が名護市辺野古に)回帰したことをおわびしたいという思いだ」と釈明した。〉(10月29日『琉球新報』)。

ここで、重要なのは、玄葉氏が「私はあの時点であああいう発言をしたのは誤りだったと思っている」という発言を撤回していないことだ。「期待値を高めて、回帰したこと」に対する「おわびしたいという思いだ」とは、いったいどういう意味であろうか。できるはずがない沖縄県外への普天間飛行場の移設を口に出したことに対する謝罪である。要するに、鳩山氏が間違ったことを言ったことに対する謝罪だ。玄葉氏は、普天間飛行場の沖縄県内への移設は正しかったと開き直っているのだ。

玄葉氏は、謝ることができない性格のようだ。9月5日の外相就任インタビューにおいて、玄葉氏は、「『踏まれても蹴られても』誠心誠意、沖縄に向きあっていくしかない」と述べた。「踏まれても蹴られても」という受身形の表現には、当然、意味上の主語が想定されている。この場合、玄葉氏が向きあう対象になっている沖縄が主語になる。過重な米軍基地負担によって、沖縄が東京の政治エリート（国会議員、官僚）によって、「踏まれ、蹴られて」いるという現実が、玄葉氏には逆転して見える。２０１０年5月28日に日米合意と閣議決定で普天間飛行場の辺野古崎周辺への移設が決定しているにもかかわらず、それを聞き入れずに抵抗する沖縄が外相や外務官僚、防衛官僚を「踏みつけ、蹴りつける」加害者ということになる。玄葉氏は、『踏まれても蹴られても』誠心誠意沖縄に向きあっていくしかない」という暴言を撤回していない。なぜだろうか。玄葉氏は自分が誠心誠意話しているのに、意地悪な沖縄人が言うことを聞いてくれず、被害を受けていると思っているからだ。

差別が構造化している場合、差別する側にいる人は、差別に対して無自覚であることが多い。しかし、玄葉氏は、『週刊金曜日』『琉球新報』『沖縄タイムス』などで、自らの発言の差別性について批判されていることは承知しているはずだ。少なくとも、外務省の沖縄事務所は、沖縄のメディアや有識者による玄葉外相に対する批判については公電で外務本省に報告している。

下地氏が動き始めた

それでも、玄葉氏が現実を認識できないのは、沖縄に対する構造的差別のイデオロギーが染みついているからだ。このイデオロギーを筆者は守屋主義と名づける。２００３〜07年まで防衛事務次官をつとめ、普天間飛行場の辺野古移設の道筋をつけた守屋武昌氏（収賄罪で懲役2年6月の実刑が確定し、現在服役中）が、２０１０年に上梓した『「普天間」交渉秘録』（新潮社）に守屋主義が集大成されている。守屋主義というフィルターを通すと、沖縄が加害者、東京の政治エリートが被害者であるという歪んだ認識ができあがる。もっとも守屋主義を超える知恵が、現在の外務官僚、防衛官僚にはない。それだからこの本を徹底的に研究し、これに対抗する理論を構築すれば、辺野古移設を阻止することができる。守屋主義の特徴は、沖縄を民主主義の適用除外地域にするということだ。

２００３年4月24日夜の小泉純一郎氏とのやりとりに関する守屋氏の記述が守屋主義の特徴を端的に表している。

〈私はその日の夕方、小泉前総理に会っている。それまでの経過を説明したが、前総理はすでに中川幹事長から沖縄の意向を聞いていた。／「沖縄の協力なしで、普天間問題は出来るか？」／私は「やれます」と答えた。基地内移設ならばクリアできる。／「協力するから国も譲って欲しいというのは、沖縄の常套の戦法です。これまで何度、政府はこれに引っ張られてきたか。国の担当者は二年ごとに代わるので、沖縄のこの手法に気がつかないのです。妥協すればこれで終わらなくなる。次から次へと後退を余儀なくされます」〉（２９２頁）

要するに、沖縄の主張には一切妥協せずに、中央政府の規定方針を押しつけろということだ。しかし、日本は民主主義国だ。一応、沖縄の民意も尊重したというポーズは示さなくてはならない。ここで必要なのが、普天間飛行場の辺野古移設を支持する沖縄選出の国会議員だ。２００６年5月11日に辺野古移設を前提とした「在沖米軍再編に係る基本確認書」が額賀福志郎防衛庁長官と稲嶺恵一沖縄県知事との間で署名された翌日の晩、沖縄選出の下地幹郎衆議院議員が守屋氏と2人で会っている。

〈前の晩の深夜に電話で議論した下地議員が店を予約してくれたので、ふたりで慰労会を兼ねて会食をした。下地議員は「これで沖縄の歴史が変わる」と言っていた。私はこれに、「これからは現実的な対応を引き出すことです」と応じた。〉（前掲書１６０頁）

現在、下地氏は、普天間飛行場の辺野古以外の沖縄県内への移設が適切であるという沖縄選出の国会議員で唯一、辺野古移設の論陣を張っている。さらに10月25日のミキオブログで下地氏は〈今日、安全保障委員会で質問を行いました。／政府が普天間基地の辺野古移設を推し進めるのであれば、仲井真知事に総攻撃をかけるのではなく、地元の身内である民主党沖縄県連から説得し、身内を辺野古移設容認としてから、知事の理解を得ることが当たり前のことではないかということを一点目に訴えさせていただきました〉と述べている。辺野古移設に向けた沖縄の「民意」

形成も視野に入れながら、下地氏が動き始めたと筆者は見ている。

（２０１１年11月11日号）

「犯す前に言うか」と田中聡沖縄防衛局長が発言

２０１１年11月28日夜、那覇で田中聡沖縄防衛局長が報道関係者とのオフレコ懇談を行なった。その懇談で、米海兵隊普天間飛行場の移設先の環境影響評価書（アセスメント）に関し、その提出時期を一川保夫防衛相が明言していない理由について、田中氏は「これから犯す前に、犯しますよと言いますか」などと女性への暴行をたとえる発言を行なった。このことを翌29日の『琉球新報』が一面トップで報じた。

田中氏は〝無罪〟主張

防衛省は田中氏を29日午後、東京に呼び戻し、事情聴取を行なった。聴取結果に関し、防衛省は以下の発表を行なった。

〈居酒屋での記者との懇談において、評価書の準備状況、提出時期等が話題になり、私から、「『やる』

前に『やる』とか、いつ頃『やる』とかということは言えない」「いきなり『やる』というのは乱暴だし、丁寧にやっていく必要がある。乱暴にすれば、男女関係で言えば、犯罪になりますから」といった趣旨の発言をした記憶がある。／自分としては、ここで言った「やる」とは評価書を提出することを言ったつもりであり、少なくとも、「犯す」というような言葉を使った記憶はない。／しかしながら、今にして思えば、そのように解釈されかねない状況・雰囲気だったと思う。／私としては、女性を冒とくする考えは全く持ち合わせていないが、今回の件で女性や沖縄の方を傷つけ、不愉快な思いをさせたことを誠に申し訳なく思い、おわび申し上げたい。〉（11月29日『読売新聞』電子版）

この種の事案については、事実関係、本人の認識を分けて考察することが重要だ。まず事実関係について、田中氏は、〈少なくとも、「犯す」というような言葉を使った記憶はない〉と述べている。評価書を提出するという意味で述べた「やる」という言葉を記者が「犯す」と受け止めたというのが田中氏の弁明だ。それならば、田中氏が「犯す」という言葉を用いたという『琉球新報』の報道は誤報になる。『琉球新報』だけでなく、28日夜の懇談に記者が出席していたことが明らかになっている『日本経済新聞』『読売新聞』、時事通信なども田中氏が「犯す」という言葉を述べたと報じている。それならば田中氏は、これらの報道機関に対して「『犯す』という言葉は使っていない」と訂正を申し入れるのが筋だ。本件に関しては、まず、田中氏が「犯す」という言葉を口にしたか、否かについて事実関係を確定させる必要がある。仮に田中氏の弁明が真実とするならば、「やる」という言葉を記者が誤解して「犯す」と報じたことで、田中氏は報道被害を受けたことになる。

ちなみに国家公務員試験に合格する人は、理解力や人間性はともかく、記憶力だけはよいはずだ。筆者自身、国家公務員（外務官僚）だった。前日の懇談の重要事項を翌日、忘れてしまうような記憶力のよくない人が沖縄防衛局長のような要職に就くことは想定しがたい。仮に田中氏が「犯す」という言葉を懇談で用いたにもかかわらず、防衛省の事情聴取に対して虚偽の報告をしたならば、そのこと自体がスキャンダルである。

一川保夫防衛相は、29日夜、記者会見を行ない、田中氏を沖縄防衛局長から更迭すると発表した。強力な政治主導による人事だ。官僚の世界における従来の常識で、オフレコ懇談でしかも本人が問題とされた言葉（この場合は「犯す」）を用いていないと抗弁し、しかも「女性を冒とくする考えは全く持ち合わせていない」という認識を表明している。さらに、田中氏は、「今にして思えば、そのように解釈されかねない状況・雰囲気だった」という認識を表明している。「今にして思えば」がここでのキーワードだ。裏返せば、懇談で発言した時点では、誤解されるという認識はまったく持っていなかったという釈明である。刑事裁判との類比で言えば、田中氏は無罪主張をしているのだ。しかし、一川防衛相は、田中氏の釈明を受け入れず、更迭に値するという評価をした。この瞬間から、一川防衛相と防衛官僚の関係が非和解的な対立に突入したと筆者は見ている。もちろん、一川防衛相の沖縄に対する認識もまったく不十分だ。12月1日の参議院東日本大震災復興特別委員会で自民党の佐藤正久議員の質疑に対し、一川防衛相が、1995年に起きた米兵による少女暴行事件について、「正確な中身を詳細には知らない」と発言したことは、不勉強甚だしい。しかし、ここから一川防衛相の責任だけを追及すると、問題の本質を見失う危険がある。一川防衛相は過去に防衛、安全保障、外交に従事したことがない。そういう政治家が防衛相になった場合、防衛官僚は、きめ細かくわかりやすいブリーフ（説明）をしなくてはならない。防衛官僚が、政治家を軽視し、必要なブリーフを行なっていないから、国会答弁で一川防衛相が立ち往生することになったのだ。

官僚の差別の文化

今回の事件を通じ、一川防衛相は、防衛官僚の言いなりになっていては、普天間問題を解決することはできないという現実をはじめて認識した。筆者が得ている情報では、首相官邸、一川防衛相は、人事異動だけでこの問題にフタをするのではなく、国家公務員法に基づく懲戒処分が必要と考えているということだ。防衛官僚が恐れるのは、事務次官をはじめ田中氏を監督する立場にある幹部が更迭されることである。野党が一川防衛相、野田佳彦首相の責任を追及し、政局になれば、その陰に隠れて防衛官僚は生き残ることができる。筆者にはそのような防衛官僚の思惑が手に取るようにわかる。

田中氏の発言は、偶発的なものではない。防衛省に沖縄と沖縄人に対する差別の文化が根づいていて、それがオフレコ懇談の席で出たに過ぎない。このオフレコ懇談で、田中氏は、〈1995年の少女暴行事件で米軍高官が「レンタカー代があれば女を買える」と発言したがその通りで、そうすれば事件は起こらなかった〉(11月30日付『日本経済新聞』朝刊)という発言をした。なぜ田中氏は、「犯す」とか「女を買う」というような発言を平気ですることができるのだろうか。それは「犯され」、「買われる」対象が沖縄人であると無意識のうちに考えているからだ。田中氏は防衛省の「沖縄通」であるが、沖縄と沖縄人を支配と操作の対象と考えているから、懇談の席でこのような暴言が出るのだ。田中氏の懇談に関する報道を読んだとき、筆者は母から聞いたある話を思い出した。〈母の知り合いの医者の家で起こったことだ。そこには米兵たちがよく遊びに来ていた。まだ2、3歳の女の幼児がいて、米兵たちがよくあやしていた。あるとき、幼児が火がついたように泣いているので医師が駆けつけると、幼児が股から血を流している。米兵が強姦したのだ。必死で手当をして、幼児の命は何とか助けた。もちろん占領下の沖縄で、米兵に対する責任追及などできない〉(佐藤優『沖縄・久米島から日本国家を読み解く』小学館、2009年、299頁)。「いったい防衛官僚は、沖縄人を同胞と考えているのか」という問いが鋭く突きつけられている。

(2011年12月9日号)

宜野湾市在住職員に「講話」した真部朗沖縄防衛局長

1991年3月17日、ソ連維持に関する国民投票が行なわれた。沿バルト三国（リトアニア、ラトビア、エストニア）をはじめ6連邦構成共和国政府は、この国民投票をボイコットした。〈共和国当局がソ連側の国民投票を拒否し、ソ連軍などの手で投票が実施された6共和国のうち、バルト地方の共和国はリトアニアとラトビアで約50万人ずつ、エストニアで約25万人が投票に参加。賛成はリトアニアで96・7％、エストニアでは95・6％などとなっている〉（1991年3月20日、『朝日新聞』朝刊）。最終結果で、ソ連全体では76％がソ連維持に賛成票を投じた。しかし、その年の12月にソ連は崩壊した。ソ連崩壊よりも前の同年9月6日にソ連政府は沿バルト三国の独立を承認せざるをえない状況に追い込まれた。軍を用いて沿バルト三国の民意を操作したソ連政府の目論見は、地元住民の中央政府に対する不信感と反発を強めただけで、国家体制の強化に貢献しなかった。

「棄権の自由」の保障

沖縄県宜野湾市長選挙をめぐって、沖縄防衛局の真部朗局長が宜野湾市に在住もしくは同市に親族が居住する職員のリストを作成することを命じ、そのリストにもとづいて「講話」を行なったことが問題になっている。この事案は、武器を持ち、国民に国家意思を押しつけることが可能である「力の省庁」が民意を操作しようとした点で、旧ソ連軍が沿バルト三国で行なったのと類比的構造を持つ。民主主義原則のみならず自由権的人権に対する深刻な侵犯だ。

真部局長が選挙権行使を促しただけならば問題ないという見解が、国会議員、メディア関係者の主流を占めている。このような見解自体が危うい。思想信条の自由の根本は、各人が自らの思想信条の告白をする必要がないという「沈黙の自由」である。選挙権に関しても、自らの政治的意思を表明しないという「棄権の自由」が完全に保障されなくてはならない。旧ソ連・東欧の人民民主主義国において、国政選挙、地方選挙の投票率はいずれも99％を超えていた。棄権の自由が事実上認められていなかったからである。このような選挙が民主的であるとはいえない。真部局長は、〈皆さんは、自らが有権者であるか又は有権者を親族にお持ちの公務員です。公務員は、国民の権利である選挙権の行使、すなわち投票に積極的であるべきであります。私は職員に、「特定の候補者に投票しなさい」と言える立場ではありません。来るべき選挙には棄権を避け、期日前投票を含め、ぜひ投票所に足を運ぶようにしていただきたい。機会があれば親戚の方々にも投票所に行くようにお話ししていただきたい〉（2012年2月2日に防衛省が発表した真部局長の「講話」要旨）と述べている。真部局長には、「棄権の自由」が基本的人権を構成するという認識が欠如している。

防衛官僚は、真部局長が特定の候補への支持を呼びかけていないので、「講話」に違法性はないという主張を展開している。この件に関し、鈴木宗男・新党大地代表が、「局長という影響力のある地位にあり、ストレートに特定の候補者名を言わないまでも、局長の意図は伝わってくる」（2月2日、ブログ）と述べている。市長選挙直近の1月23、24日に職務命令で局長の講話を聞かされれば、官僚の常識として、防衛省としてより仕事が進めやすいと思われる佐喜真淳候補に投票せよという組織の指示と受け止める。鈴木宗男氏の認識が、永田町（政界）と霞ヶ関（中央官庁）の相場観だ。

真部局長は「講話」において、〈公務員は、全体の奉仕者であって、一部の奉仕者ではありません。選挙に際しては、政治的中立性の確保が要求されます。自衛隊法等の関係法令に違反したり、違反していると思われないよう留意をお願いしたい。親戚の方々と接する際にも気をつけていただきたい〉（前出「講話」要旨）と述べている。この発言を防衛省は、真部局長の中立性を担保する根拠にしようと腐心している。しかし、これも官僚の常識では、「法に触れないように投票依頼はうまくやれ」ということだ。

藤村官房長官の〝罪〟

最も深刻な問題は、真部局長を含む防衛省幹部が、沖縄の選挙に関して民意を操作することを目的とする「講話」が民主主義原則に抵触するという認識を持っていないことだ。仮に先般行なわれた大阪市長選挙で、大阪における中央官庁の出先機関が、橋下徹候補と平松邦夫候補の政策を比較し、政府の立場を説明し、投票を促す「講話」を行なったならば、国家公務員の政治的中立性並びに中央政府の地方政治に対する乱暴な介入とされ、深刻な問題になったはずだ。それを沖縄では平気で行なう。ここに沖縄に対する構造化された差別がある。今回の「講話」問題で浮かび上がったのは、防衛官僚が沖縄県民を「二級市民」と見なし、沖縄の民意を操作することが可能と考えていることだ。もっとも、構造的差別の場合、差別している側は、自らが差別者であることを自覚していないのが通例である。

２０１１年11月28日夜の田中聡沖縄防衛局長（当時）の暴言問題に関しては、田中氏が〈少なくとも、「犯す」というような言葉を使った記憶はない〉（２０１１年11月29日に防衛省が行なった田中氏からの聴取結果に関する発表）と釈明し、防衛官僚が「無罪主張」をしたにもかかわらず、首相官邸はそれを認めず、防衛省は、田中氏を更迭し、自衛隊法に基づく停職40日という重い処分を行なった。真部「講話」問題に対する首相官邸の対応は、暴言問題と異なる。２月１日の記者会見で、藤村修官房長官は、真部局長の「講話」について「逆にいいことだという評価が出るかもしれない」と肯定的ニュアンスを滲ませた。この「いいことだという評価が出るかもしれない」という発言に、東京の政治エリートの沖縄に対する差別意識が凝縮されている。この発言が沖縄において、県民を「二級市民」と見なす差別的かつ侮辱的発言と受け止められているという認識を藤村官房長官は持っていないのであろう。「いいことだという評価が出るかもしれない」という官房長官発言が沖縄の中央政府に対する不信感を一層強化した。

構造的差別に対して、今後、沖縄は沖縄人（ウチナーンチュ）意識の強化によって対抗することになる。去年10月に行なわれた第五回世界のウチナーンチュ大会のアンケート結果によると、〈「自分をウチナーンチュだと思うか」の問いには参加者の8割以上が「思う」と回答。ウチナーンチュとしての強いアイデンティティーが浮き彫りとなっている〉（2月5日『琉球新報』）。

沖縄防衛局の田中前局長、真部現局長の引き起こした問題の根源は、いずれも沖縄に対する防衛官僚の差別体質にある。首相官邸が、沖縄に対する構造的差別に目をつぶるならば、沖縄人は自らの名誉と尊厳を自らの手で守るという選択に踏み切る。この状況が続くと沖縄をめぐる諸問題が、民族問題に転化し、日本の国家統合を揺るがすことになる。

（２０１２年２月10日号）

鳩山由紀夫元首相のイラン訪問が普天間問題に与える影響

２０１２年４月８日、テヘランで鳩山由紀夫元首相が、イランのアフマディネジャード大統領と会見した。８日、イラン国営「ラジオ・イラン」は、この会見について〈鳩山氏はさらに、「イランなどの一部の国に対するＩＡＥＡ（国際原子力機関）のダブルスタンダードは、公正からかけ離れた態度だ」と強調しました〉（「イラン・ラジオ」日本語版ＨＰ）と報じた。イラン大統領ウェブサイトにもこの発言が掲載され、国際的に大きなニュースになった。イランに対するＩＡＥＡの姿勢がダブルスタンダードであるという非難をアフマディネジャード大統領は、繰り返し行なってきた。しかし、その主張に日本や米国、ＥＵが同意したことは一度もなかった。イラン側の報道が正しいならば、鳩山氏はＩＡＥＡがダブルスタンダードであるという認識を示したのみならず、「公正からかけ離れた態度だ」と非難した。鳩山氏は、イラン寄りの姿勢を明確に示したことになる。

動機が善意でも……

もっとも鳩山氏に同行した民主党の大野元裕参議院議員は、テヘランで記者に対して、「鳩山さんはIAEAの姿勢がダブルスタンダードという発言はしていない。イラン側の一方的な報道であり、事実と異なる」という釈明をした。しかし、この釈明は説得力を持たない。イラン側は大統領ウェブサイトで「イランなどの一部の国に対するIAEAのダブルスタンダードは、公正からかけ離れた態度だ」という鳩山氏の発言があったと公式に認めている。この発言は、枝葉末節ではなく、事柄の本質にかかわる部分だ。事実と異なる内容を鳩山氏の発言としてイラン政府が公式に発表しているならば、現地でも鳩山氏は公にこの発言を否定する記者会見を行なうとともに、イラン側に対して大統領ウェブサイトの記述の訂正を申し入れるべきだ。大野氏は、外務省専門調査員として、中東諸国の日本大使館に勤務した経験がある。誤報がなされた場合、どう対処するかについては熟知しているはずだ。どうして大野氏は鳩山氏に毅然たる対応を取るように進言しなかったのか。理解に苦しむ。

今回の鳩山氏、大野氏らのイラン訪問に野田佳彦首相、藤村修官房長官を含む首相官邸は一丸となって強く反対した。玄葉光一郎外相も反対した。民主党幹部でも、前原誠司政調会長が強い懸念を表明した。しかし、鳩山氏、大野氏は、制止を振り切って6日、テヘランに向けて出発した。その直前、鳩山氏はブログに自らの心境についてこう記している。

〈まもなく4月6日午後10時になりますが、これからイラン・イスラム共和国へ出発します。中東の専門家である大野元裕参議院議員も同行します。／現地では、アフマディネジャド大統領、ジャリーリ国家安全保障最高評議会書記、サーレーヒー外務大臣、そして前駐日イラン大使のアラグチ外務次官にもお会いする予定です。（中略）国際社会に対するイラン問題の否定的影響が蔓延し、中東が混乱し、我が国の国益を損失するような事態だけは避けなければなりません。／これらに鑑み、何としても武力衝突を避け、平和的に問題を解決すべきと考えてみれば、かねてより作り上げてきたイランとのパイプを活用し、国際社会と協調する重要性、ＩＡＥＡと真摯に協力する必要性を明確に訴え、批判的ではありながらも真剣な議論と対話を実施すべきであると思っています。特に、孤立化し国際社会の声から遠くなる可能性のあるイランの最高レベルに直接働きかける重要性は高いと考えており、総理在任時・退任後にも書簡でのやりとりを行ってきたイラン政府首脳に働きかけを行うこととなった次第です。（中略）いわゆる「二元外交批判」を恐れていては議員外交はできなくなり、政府しか外交ができないようであれば、日本の未来は暗澹たるものになるでしょう。／私は元内閣総理大臣として、民主党最高顧問として、また、一衆議院議員として、国益に資することは何かということを自らに問いかけながら、今後とも行動していきたいと思っています。〉

鳩山氏の悲壮な決意が伝わってくる。しかし、外交は結果がすべてだ。動機が善意であっても、それが相手に悪用されるような議員外交はやってはならない。鳩山氏は、「ＩＡＥＡと真摯に協力する必要性を明確に訴え（る）」という意図を主観的には持っていたが、イラン側は鳩山氏がＩＡＥＡがイランに対してダブルスタンダードの対応しているという認識を示し、それが公正からかけ離れた態度だと非難したというプロパガンダ（政治宣伝）を展開している。鳩山氏と中東専門家として鳩山氏を支援する任務を持って今回の訪問団に加わった大野氏は、このプロパガンダに対して適時の適切な反撃をしていない。鳩山氏の訪問をアフマディネジャード大統領は、イランの国益を増進するために最大限に活用した。

米国の激しい反発

今回の鳩山氏のイラン訪問に対して、米国が激しく反発している。〈鳩山由紀夫元首相が６日にイラン訪問へ出発する前にルース駐日米大使が首相官邸に電話で懸念を伝えていたことが７日分かった。政府関係者によると、訪問中止を強く求める発言はなかったものの、大使は「鳩山氏のためにも良いことではない」と指摘。米国と欧州が核開発を続けるイランへの経済制裁を強める中、鳩山氏の訪問が国際協調の足並みを乱しかねないと憂慮したとみられる〉（４月８日『毎日新聞』電子版）。ルース大使は、同盟国に対する内政干渉と受け止められないように細心の配慮を払いながら、米国政府の強い懸念を表明したのである。鳩山氏のイラン訪問に対して、米国やＥＵが反発するのは確実である。問題は、その反発がどの程度になるかだ。本稿を執筆している4月9日昼時点で、反発の程度について予測することは難しい。
ここで、筆者が懸念するのは、米国の反発をなだめるために、外務官僚が普天間問題に関して、沖縄を犠牲にした一層の譲歩をする可能性だ。外交の世界では、思わぬ事柄がリンケージしていることがある。米国にとって、イランの核開発を阻止することは、外交、安全保障上の最重要課題だ。今年1月中旬以降、日本政府は米国・EUと協調して、イランに対する経済制裁を強化する方向に舵を切った。そのことが、米海兵隊普天間飛行場の移設問題と、嘉手納以南の米軍施設の返還を切り離し、さらには米海兵隊の分散移設に向けた米国の交渉スタンスの軟化と関連している。「国益上の最重要事項で協力するならば、それ以外のところで譲歩する」というのは、交渉術の定石だ。逆も真である。鳩山氏が、一議員としてイランを訪問したという説明に米国は納得しない。議院内閣制において政府と与党は一体で、しかも鳩山氏は外交担当の民主党最高顧問だ。日米同盟に対する悪影響を極小化するために、外務官僚は米国に差し出すカードについて考える。その場合、もっとも現実的なカードが普天間基地の固定化とされる危険がある。鳩山外交のツケを沖縄に回さないようにするための方策を早急に練らなくてはならない。

（2012年4月13日号）

日本政府による1952年の沖縄切り捨てを考えよ

2012年5月15日で沖縄復帰40周年になる。一般に、「復帰」とは、〈もとの場所・地位・状態などに戻ること〉(『広辞苑』)をいう。要するに1972年5月15日まで、沖縄は本来と異なる状態にあったということだ。1952年4月28日、サンフランシスコ平和条約が発効し、日本国の占領状態は終了し、主権を回復した。ただし、この条約の3条で〈日本国は、北緯二十九度以南の南西諸島(琉球諸島及び大東諸島を含む)、孀婦岩《そうふがん》の南の南方諸島(小笠原群島、西之島及び火山列島を含む)並びに沖の鳥島及び南鳥島を合衆国を唯一の施政権者とする信託統治制度の下におくこととする国際連合に対する合衆国のいかなる提案にも同意する。このような提案が行われ且つ可決されるまで、合衆国は、領水を含むこれらの諸島の領域及び住民に対して、行政、立法及び司法上の権力の全部及び一部を行使する権利を有するものとする〉と規定されていたために、沖縄には日本国の実効支配が及ばず、米国が施政権を行使することになった。沖縄復帰40周年について言及するときには、あわせて復帰が必要となった原因である日本政府による1952年の沖縄切り捨てについて考えないと、問題の本質を捉えることができない。沖縄復帰という出来事自体に東京の中央政府による沖縄に対する構造的差別が埋め込まれているのである。

「釣り銭」のように

日本政府が沖縄を切り捨てたのは、サンフランシスコ平和条約が初めてのことではない。1880年に日本政府は、分島増約案によって宮古島以南の諸島を清国に割譲しようとしたことがある。金城正篤氏（琉球大学名誉教授）は本件についてこう記す。

〈琉球列島のうち、宮古・八重山両島を清国に分割譲渡し、その代償として、1871年（明治4）に締結された《日清修好条規》において認められていなかった最恵国待遇に関する規定を追加（増約）して、欧米諸国なみに日本が中国内地での通商権を入手しようとする条約案である。琉球処分（引用者註＊東京の中央政府が、独自の国家を有していた琉球を強制的に日本に組み込んだ、1872年の琉球藩設置から、79年の同藩廃止、沖縄県設置まで）の過程で紛糾した日清両国間の外交関係を調整するための一種の取引きとして、80年10月、両国間にこの条約案が交渉妥結をみた。この条約案は次の四つの部分からなる。①81年2月に両島を清国に引き渡し、その翌月から追加条約を実施することを規定（琉案条約擬稿）、②最恵国待遇を規定した追加条約（加約擬稿）、③両国間の通商関係に変更を生じた時の規定（憑単擬稿）、④両島割譲の期限と手続きを示した約束（附単稿）。ちなみに、この条約案は清朝政府が調印を拒んだため現実には効力を発せず、いわば《幻の条約》に終わったが、琉球処分における日本の国家エゴイズムを集中的に自己開示してみせたものといえる。〉（『沖縄大百科事典　下巻』沖縄タイムス社、１９８３年、４０４～４０５頁）

日本政府は、分島増約案のときは帝国主義的取り引きのために、沖縄県の一部を「釣り銭」のように取り扱い、サンフランシスコ平和条約のときは、本土が生き残るために沖縄を米国に差し出したのである。沖縄復帰から40年を経た現在も、沖縄に対する構造化された差別が続いている。日本の陸地面積の0・6％を占めるに過ぎない沖縄県に在日米軍基地の73・８％が所在しているという不平等な現実そのものが差別である。しかし、差別が構造化している場合、差別している側はその事実に気づかないのが通例だ。そこで、差別を指摘する働きかけが重要になる。

琉球王国の記憶

その観点で、『世界』6月号に掲載された山田文比古氏の〈沖縄「問題」の深淵　むき出しになった差別性〉と題する論考が興味深い。山田氏は２００８年から人事交流で東京外国語大学に出向していたが、今年、約30年勤務した外務省を中途退職し、同大教授に就任した。山田氏は、

1997〜2000年まで外務省から沖縄県庁に出向し、知事公室参事、沖縄県サミット推進事務局長として、勤務した経験がある。山田氏は、在沖米軍基地の現状が差別であるという認識が〈沖縄全体の総意と言ってよい〉とした上で、〈もちろん、こうした差別は今になって始まったものではない。しかし、それに対する受け止め方には、県内で温度差があった。これまで、差別そのものをなくすものではないが、差別性を少しでも薄めるため、いわば差別の代償として、自民党時代の歴代政府の手によって次々と沖縄振興策が打ち出されてきたが、それによって沖縄に経済発展がもたらされ、県民の生活が豊かになることをよしとする宥和派の勢力が沖縄に存在していたために、差別性がむき出しになり問題が悪化することが抑制されてきたのである〉と述べる。外務省で幹部職員として沖縄問題を担当した山田氏が沖縄振興策が「差別の代償」であったという認識をはっきり述べたことの意味は大きい。

現在も、外務省は沖縄に対する構造的差別が露見しないように術策を弄している。このような手法がもはや通用しないと山田氏ははっきりこう指摘する。

〈しかし、こうしたいわば物理的手法は、もはや破綻してしまった。なぜなら、その受け皿となってきた宥和派が、差別を経済的発展によって代替するという手法を正当化できなくなったからである。鳩山元首相が基地問題への対応にあたり理想主義的なアプローチを取ったことが、現実主義的な宥和派の存在基盤を突き崩してしまった。いまや沖縄県民は、保守・革新を問わず、差別に対する認識で広く一致し、基地負担の代償として、振興策を受け取るということの欺瞞性に耐えきれなくなっている。沖縄県民の意識には、ある意味では化学変化のようなものが起きてしまったと言える。それに対して、これまでのように、巨額のカネを投入して物理的変化を促そうとしても効果はないと考えるべきである。〉

山田氏は沖縄の側に立って、政府を批判しているのではない。通常、外務官僚が諸外国の情勢を分析するときの手法を沖縄に対して適用しているのだ。竹内春久沖縄大使をはじめとする外務省沖縄事務所に勤務する外務官僚も、沖縄県民の意識に「化学変化」が生じ、米海兵隊普天間飛行場の辺野古移設が不可能であることを十分認識しているはずだ。それだから辺野古移設案が「自然死」し、普天間固定化で問題を先送りしようとしているのだと筆者は見ている。普天間固定化も辺野古移設も、沖縄に対する差別政策だ。このような態度を東京の政治エリートが取り続けるならば、沖縄人は「復帰」の基点を日本による琉球王国併合以前の段階に置くことになる。沖縄人に「われわれは琉米修好条約（１８５４年）、琉仏修好条約（１８５５年）、琉蘭修好条約（１８５９年）によって、国際法の主体である琉球王国という国家を持っていた」という記憶がよみがえる。そして、中央政府の差別政策を脱構築するために沖縄が外交権の一部回復を求めることになる。

（２０１２年５月11日号）

第4章　野田政権によるオスプレイ強行配備

沖縄に対する構造的差別を象徴する森本敏防衛相

2012年8月5日に予定されていたMV22オスプレイの沖縄県への配備に反対する超党派の県民大会は、台風11号が接近したために延期になった。防衛官僚や外務官僚は、時間稼ぎができたと安心しているようだが、まったく間違った認識だ。オスプレイ問題の本質が、沖縄に対する構造的差別であることを理解しない森本敏防衛相の今後も続くであろう無神経な発言や行動によって、沖縄県内外の沖縄人の怒りが一層強まり、行動となって現れるからだ。

本稿で言う沖縄人とは、沖縄に祖先を持つという自己意識を持つ人々、並びに沖縄の外部から沖縄共同体に参加する意思を持ち、具体的な行動をする人々のことだ。沖縄にとってオスプレイ問題の質的な転換が起きたのは6月5日のことだ。

小細工に強まる不信

〈森本敏防衛相は（6月）5日の記者会見で、米軍普天間飛行場に配備予定の垂直離着陸輸送機MV22オスプレイが4月にモロッコで起こした墜落事故について米側から、事故原因が機体の問題ではなく、人為的なミスだったとの調査報告を受けたことを明らかにした。／森本防衛相は県内への配備前に米側の調査結果の報告があることを望むとしつつ、「この種の新しく開発されたシステム、特に航空機の事故が起きたときの調査は相当技術的に総合的な観点から調査しないといけない。常識的にかなり時間がかかって簡単に結論が出るものではないと思う」と述べ、調査報告が普天間配備後にずれ込む可能性があるとの見解を示した。〉（6月5日『琉球新報』電子版）

沖縄人にとって、普天間飛行場へのオスプレイ配備は、防衛官僚や安保評論家が机上で論じる抽象的リスクの問題ではなく、顕在化した現実的脅威である。森本氏が沖縄人を、同じ日本人同胞とほんとうに考えているならば、事故の調査報告がなされる前にオスプレイを沖縄に配置するなどという発想が出てくるはずがない。森本氏の対応で、オスプレイをめぐる沖縄に対する構造的差別が可視化されたのである。

森本氏の場合、評論家時代から米海兵隊普天間飛行場の辺野古（沖縄県名護市）への移設が最適であると再三強調していた。日本の陸地面積の0・6％を占めるにすぎない沖縄県に在日米軍基地の73・8％が所在するというのは、あきらかに不平等な状態だ。沖縄県以外の都道府県が普天間飛行場を引き受けないのは、地元の民意が反対しているからだ。地元の民意が反対することを強行しないというのは、民主主義の大原則だ。沖縄県の民意も普天間飛行場を引き受けることに反対している。しかし、東京の中央政府は辺野古への移設を、沖縄県の民意に反して決定した。

これは沖縄県に対しては民主主義原則が適用されないという明白な差別だ。東京の政治エリート（国会議員、官僚）には、この明白な差別を認識できない人があまりに多い。それは差別が構造化しているからだ。この場合、差別する側の人は、自らを差別者と認識していないのが通例である。それだから差別されている側から、事態を客観的に認識させる闘争が必要になる。

森本氏は、評論家時代の普天間問題に関する発言、さらに事故の調査報告がなされる前に沖縄へのオスプレイ配備がありうるという発言によって、沖縄に対する構造的差別を象徴する政治家になった。オスプレイ問題に関し森本氏が釈明や小細工をすればするほど、沖縄人の中央政府に対する不信が強まるというスパイラルに入っている。ただし、この現実を森本氏は自覚していない。

6月3日（日本時間4日）、米国のワシントン郊外で森本防衛相がMV22オスプレイに試乗したことについて、5日付『沖縄タイムス』（電子版）はこう報じた。

〈森本敏防衛相とパネッタ米国防長官による日米防衛相会談が米ワシントン郊外の国防総省で開かれた。／垂直離着陸輸送機MV22オスプレイの普天間飛行場への配備と、10月からの本格運用をあらためて確認し、普天間飛行場の辺野古移設計画を推進していくことを再確認した、という。／パネッタ国防長官は共同記者会見で、オスプレイの「安全性に自信を持っている」と言い、森本防衛相は、オスプレイ試乗後、記者団にこう語っている。「想像以上に飛行が安定していた。違和感は全然なかった」／森本防衛相のパフォーマンスに対し仲井真弘多知事は「大臣はテストパイロットでもないんだし、（試乗に）何かありますか」と感想をもらした。多くの県民の気持ちを代弁した感想に「座ぶとん三枚」をあげたい。〉

頓珍漢な思い違い

沖縄人は、森本氏の試乗が米国が当初の予定通り10月にオスプレイを普天間飛行場に配置するためのパフォーマンスに過ぎないことを見抜いている。

森本氏が沖縄人を日本人同胞と考えているならば、パネッタ国防長官に対して、「沖縄の民意を考えれば、オスプレイの配備は無理だ。10月配備を強行すれば、日米同盟の根幹を震撼させるような状況になる」と説得することができたはずだ。10月からの本格運用に日本側が合意したという事実が、森本氏が沖縄人の状況を小指の先ほども配慮していないことを物語っている。沖縄人は、「日本の他の地域でも、あなたは同じ対応をするのか」と森本氏に問いかけているのである。

森本防衛相の指揮命令下で働く防衛官僚は、オスプレイの訓練拠点を伊江島や粟国島に移転すれば、県内の反発を緩和することができるという頓珍漢な思い違いをしている。〈米海兵隊の垂直離着陸輸送機MV22オスプレイが米軍普天間飛行場（沖縄県宜野湾市）に配備されることに伴い、政府がオスプレイの訓練拠点について沖縄本島に近い離島への分散を検討していることが1日、分かった。伊江島（伊江村）と粟国島（粟国村）が浮上している。住宅地がある普天間周辺の危険性を低減させる必要があるうえ、普天間飛行場の同県名護市辺野古への移設には最短で5年かかるためだ〉（8月2日『産経新聞』）。

これは普天間基地の危険を辺野古に転嫁するというのと同じ発想だ。オスプレイ訓練拠点を伊江島、粟国島へ分散すれば、沖縄人の反発を緩和できるという発想自体が根本的にずれている。沖縄に対する構造的差別をそのままにし、沖縄内部を分断することで中央政府と米国の利益を保全する防衛官僚の論理を沖縄は受け入れない。

「オスプレイが危険である」という一般論ではなく、その危険な飛行機を沖縄に配備することに対して、痛みを感じない「あの人たち」に沖縄にとって死活的に重要な事項を決めさせてはならないという、当たり前のことを実現するために県民大会が行なわれるのである。近く行なわれる県民大会は、沖縄人の連帯を回復すると共に、そう遠くない過去に琉球王国という国家を持った沖縄が国際法の主体としての地位を回復するための一里塚になる。

（2012年8月10日号）

沖縄の青い空は誰のものかを再発見した県民大会

２０１２年９月９日、沖縄県宜野湾市の海浜公園で開催された「オスプレイ配備に反対する県民大会」に筆者も参加した。作家として取材に赴いたのではなく、大会の趣旨に賛同した沖縄人（琉球人、あるいは亜沖縄人、亜琉球人、もしくは日本系沖縄人）の１人として参加した。物事、とりわけ政治的出来事は、どの視座から観察するかによって、その姿がかなり異なって見えてくる。人間は、日常的にどこまで自覚しているかは別にして、複合アイデンティティーを持っている。沖縄人を両親の双方もしくは一方に持つ人は、程度の違いはあるが、沖縄人としての自己意識から離れることができない。それが時には過剰に沖縄を否定する日本人への同化主義として表れることもある。しかし、その人の心の中で「自分は沖縄人である」という意識が消えることはない。

カギを握るのは米国

筆者がここで言う沖縄人は、２つの範疇から成り立つ。第一の範疇は、沖縄共同体に自らの起源があるという自己意識を持つ人々によって構成される。第二の範疇は、沖縄共同体の外部の人であるが、沖縄共同体に参加し、沖縄のために具体的な行動をする人である。行動とは政治的活動のみを指すのではなく、商業活動、農業活動、芸術活動なども含まれる。

那覇には外務省沖縄事務所があり、そこにはインテリジェンスの訓練を受けた優秀な外務官僚が配置されている。これらの外務官僚は、琉球・沖縄史や沖縄文化に関する知識を持っている。さらに語学に堪能な外交官の場合、琉球語（沖縄方言）の基礎を習得することは、それほど難しくない。これらの人々は、いかに沖縄に関する知識を持っていても、沖縄人ではない。それは那覇に駐在する外務官僚の職務が、米海兵隊普天間飛行場の辺野古移設を実現し、安全性に不安のあるMV22オスプレイの県内配備実現に向けた環境整備を行なうことだからだ。

県民大会には、10万1000人（主催者側発表）が参加した。これで10月に米軍が普天間飛行場にオスプレイを配備することは、客観的に不可能になった。オスプレイを沖縄に強行配備すれば、普天間基地ゲート前での座り込みなどの抗議活動が日常的に行なわれることになる。そして地元住民の米兵に対する感情が悪化する。さらにオスプレイが事故を起こせば、普天間基地の即時閉鎖だけでなく、米国が安全保障上、もっとも重視する嘉手納基地の閉鎖を含む「島ぐるみ」での反基地闘争が展開される。もっとも一部の防衛官僚は、「MV22オスプレイを何としても予定通り10月に沖縄に配備する」という情報を防衛省担当記者に流している。東京の政治エリート（国会議員、官僚）の沖縄に対する構造的差別に組み込まれ、沖縄の抵抗力を等身大で認識することができない記者は、防衛官僚の希望的観測を額面通りに受け止めてしまう。

これに対して、防衛官僚よりも狡猾で自己保身的体質が身についた外務官僚は、「オスプレイは筋悪案件なので、極力、防衛官僚に押しつける」という姿勢を取っている。ただし、外務官僚は、「MV22オスプレイを沖縄に強行配備した場合、反米感情、反自衛隊感情が拡大し、もしオスプレイが事故を起こし、沖縄県民に死傷者が発生すれば全県規模での反基地闘争が本格的に展開され、日米安保体制の根幹を揺るがす事態になる」という分析を行ない、それを首相官邸、米国国務省に伝達しているはずだ。鍵を握るのは米国である。米国のジャパンハンドラー（日米安保専門家）や日本のタカ派評論家は、沖縄の抵抗力は見せかけで、「力とカネ」をカードにすれば懐柔可能と見ている。これに対して、日本外務省は「もはや懐柔は不可能で打つ手がない」とあきらめている。とにかくこういう筋悪案件には極力関与しないようにと逃げ回るのがエリート外務官僚の文化だ。

保守陣営が主導した

さて、今回の県民大会は事実上保守陣営が主導した初の大会であった。「登壇者から、沖縄差別、構造的差別、差別という言葉がこれほど多く口にされたことはない」（地元紙記者）と述べていたが、筆者も同じ認識を持った。氷山にたとえるならばMV22オスプレイの沖縄強行配備は、水面上に頭を出した部分にすぎない。問題はその底にある東京の政治エリートによる沖縄に対する構造的差別である。複数の登壇者が、日本の陸地面積の0・6％を占めるにすぎない沖縄に在日米軍基地の73・8％が所在するという不平等な状態が差別であると訴えた。特に普天間基地を抱える宜野湾市の佐喜眞淳市長が「私は日米安保を容認する立場だ」とはっきり宣言した上で、「オスプレイ配備計画を決して認めることができない」と強い調子で述べた。

筆者の印象にもっとも強く残ったのは登壇した沖縄国際大学の学生が「沖縄の青い空は、米国や日本政府のものではなく、県民のものだ」と述べたことだ。この女子学生がどこまで自覚しているかわからないが、MV22オスプレイの沖縄配備強行のような暴挙を阻止するためには、沖縄の領空主権を回復する必要があるという主張だ。国際法的に領空主権は領海主権よりも強く保護されている。日本の中央政府が沖縄の死活的利益を無視し続けるならば、沖縄の底流を流れる国家意識が甦ってくる。

沖縄にはそう遠くない過去に琉球王国という国家があった。琉米修好条約（1854年）、琉仏修好条約（1855年）、琉蘭修好条約（1859年）という三つの国際条約によって当時の帝国主義列強から琉球王国は国際法の主体として認められていた。150年強を経て、県民大会の場で、沖縄人は「この青い空は、本来われわれの主権下にある」という真実を再発見したのである。この歴史的意義は大きい。

さて、今回の県民大会を仲井眞弘多沖縄県知事は欠席した。〈仲井真弘多知事は「市民運動と行政には役割分担がある」として大会を欠席。「事故原因が究明され、安全性が証明され、県民の不安が払拭されない限り、（配備には）絶対に反対だ」とするメッセージを寄せた。代読の際、会場からは欠席をなじる罵声が飛んだ〉（9月10日『朝日新聞』デジタル）。知事メッセージが代読されると、「ふざけるな」「裏切り者」「やめろ」「マイクを切れ」などの怒号が響き、筆者はメッセージの内容を聞き取ることができなかった。反発や非難というよりも忌避反応に近い。〈仲井真知事は不参加とした理由について「大会の趣旨は大賛成だが、同様なことは既に首相や外相、防衛相に伝え、安全性を確認し県民の不安が払拭するまではノーだと申し上げ、行動してきている」などと語った〉（9月7日『琉球新報』電子版）。筆者は、「大会の趣旨は大賛成だ」という仲井眞知事の発言を信じる。MV22オスプレイ沖縄配備を中止する決定権は米国が持つ。沖縄県民の民主的選挙によって行政の長に選ばれた仲井眞知事が訪米し、県民大会を踏まえた沖縄の民意を米政府要人に伝えることが必要だ。

（2012年9月14日号）

オスプレイ配備撤回の是非を問う県民投票の提案

差別が構造化している場合、差別者は自らの差別性を認識していないのが通例だ。この現実が端的に現れているのが、2012年10月1日、第三次野田佳彦改造内閣が成立したその日に行なわれた米軍新型輸送機MV22オスプレイの沖縄への強行配備だ。

〈日米安全保障条約で、米軍が配備する機種にまで注文をつけられないというのが政権の立場だ。この日の普天間着陸も止める手立てはなかった。防衛相留任が固まっていた森本氏は1日午前、「当初米国が考えていた通りの予定を実行した」と記者団に語った。／防衛省には、オスプレイ配備への反発が普天間を名護市辺野古に移す日米合意の環境整備につながるとの見方もある。森本氏は移設の前提となる国の環境影響評価（アセスメント）を年内にも終える方針。幹部は「大臣は移設のため来年1月にも知事への埋め立て申請を考えている」と語る。／首相は内閣改造にあたり森本氏に「オスプレイを含め普天間問題を前に進めるように」と指示。改造を発表する記者会見の冒頭発言でオスプレイに触れ、「普天間飛行場の一日も早い移設・返還を始め、沖縄の負担軽減や振興に一層力を入れていく」と強調。県が望む那覇空港第2滑走路建設などを念頭に、「アメ」をちらつかせた。〉(10月2日『朝日新聞』デジタル)

複数の小政府が併存

米国にとって民主主義は重要なゲームのルールだ。日本政府が米政府に対して、「MV22オスプレイの県内配備に沖縄の民意は反対している。民主的手続きで選ばれた県知事、県議会議員、沖縄の全市町村長がオスプレイ配備に反対している。9月9日の県民大会でも反対の意思が明確に示された民主主義の原則に照らして地元の民意に反することはできない」と伝えれば、オスプレイの配備はできなかった。それができなかったのは、野田首相の頭が政権の権力基盤を維持することでいっぱいで、沖縄について考える余裕がないからだ。率直に言って、現在の日本に大文字のGovernmentすなわち単一政府は存在しない。

森本敏防衛相とその取り巻きの防衛官僚によって構成される小政府は、オスプレイ沖縄配備を強行することを突破口に、一気に米海兵隊普天間飛行場の辺野古移設を実現しようとしている。もはやその可能性が、全くないという現実にこの小政府を構成する人々は気づいていない。防衛省内にも「こんな無理なやり方で大丈夫なのか」と心配する人々もいる。もっとも、このような非強行派の防衛官僚が沖縄側に立っているわけではない。オスプレイ強行配備に対する沖縄の反発が、これまでの枠を超え、恒常的に米軍基地のゲート封鎖が行なわれるようになるといずれ流血が発生し、収拾のつかない事態になる。また米軍基地に対する水道供給が停止されれば、文字通り基地機能が麻痺する。このような不服従運動が沖縄で起きれば、米軍は沖縄に居づらくなる。さらにオスプレイが事故を起こせば、全米軍基地の閉鎖を求める「島ぐるみ闘争」が起きる。その結果、日米同盟の根幹を毀損するような事態に発生することを非強行派の防衛官僚は恐れている。

ちなみに沖縄を担当する外務官僚も非強行派の防衛官僚と同じ発想だ。ただし、「オスプレイ沖縄配備のような『力仕事』は防衛省さんの仕事で、偏差値が高いエリートであるわれわれが直接関与するには及ばない。まあうまくやってください」という雰囲気で、極力、このような筋悪案件には関与しないようにしている。外務省も小政府を形成している。

沖縄問題だけではない。原発、外交、経済など、国家の重要事項に関して、日本には単一の政府が存在せず、複数の小政府 governments が並存し、勢力争いをしている。ただし、消費増税のように首相官邸が明確な意思を示した場合には、一時的に単一の政府が成立する。このときの政府は強い力を発揮する。このような政府の形に筆者は既視感がある。ロシアのエリツィン政権だ。国家機能自体は弱体化していたが、大統領の警護官、テニスのコーチ、取り巻きの寡占資本家（オリガルヒヤ）など権力の中枢にいる十数人の主要プレーヤーに絶大な権力が集まり、エリツィン大統領が具体的な関心を示さない限り、もっとも大きな声をあげるプレーヤーの意思が通っていた。野田首相にとって、オスプレイ沖縄配備や米海兵隊普天間飛行場の辺野古移設は、政権の存亡にかかわる重要課題ではない。その隙を衝いて森本防衛相らのグループ的利益が強引に国策として反映されているのである。

しかし、森本氏らの企ては成功しない。なぜなら、沖縄にも小政府が存在しており、その力は森本氏、防衛官僚、外務官僚をあわせたよりもはるかに強いからだ。オスプレイ強行配備に関して、保守派（自民党）の翁長雄志那覇市長が「沖縄を植民地としか思っていない。ウチナーンチュを日本人と思っていない。もし思っていても日本国防衛のためなら致し方ないと思っているのだろう」（10月2日『琉球新報』）と怒りの声をあげたが、東京の中央政府の沖縄に対する植民地主義に対して、沖縄は今後、具体的に反撃していく。

国連人権委への訴え

10月8日『琉球新報』が社説でレファレンダム（県民投票）を訴えた。

〈米軍が強行配備したオスプレイの飛行訓練が始まった。全機配備も完了した。県民大会など沖縄側の動きは一顧だにしない、という意思表示にほかならない。／立て続けの動きは、沖縄側にどんな抵抗も無駄だと思わせ、無力感を抱かせるのが狙いだろう。裏を返せば、立て続けに動かなければならないほど、米軍も沖縄側の動向に神経をとがらせ、焦り、追い込まれているように見える。／住民に無力感を抱かせるのは植民地統治の常套手段だ。ここでひるめば日米両政府の思惑通りだろう。沖縄の正当な要求を実現するため、オスプレイ配備撤回の是非を問う県民投票を提案したい。〉

東京の政治エリートは、オスプレイの沖縄配備に反対するのは、『琉球新報』『沖縄タイムス』の地元2紙と一部の左翼系知識人や活動家だけで、沖縄の知事、保守系政治家、経済界、一般住民は、振興策という「アメ」を与えれば「大人の対応をする」と勘違いしている。

冒頭で引用した『朝日新聞』の記事で紹介されている森本氏や防衛官僚の考えは、沖縄に対する構造的差別を体現した発想だ。さらに、このような差別的言説に批判的コメントをつけずに報道する『朝日新聞』の報道姿勢も差別の構造に組み込まれている。

沖縄は、もはや当事者能力を失った東京の中央政府に期待していない。レファレンダムに明らかにされるオスプレイ県内配備拒否という民意を仲井眞弘多沖縄県知事が米政府に対して直接伝え、さらに国連総会第三委員会（人権）で、日本の中央政府による沖縄差別を訴えることで、局面の打開を図ることになろう。

森本氏らの暴発によって、沖縄が中央政府離れを起こし、日本の国家統合に危機をもたらすことになると筆者は見ている。

（2012年10月12日号）

米兵の集団強かん事件機に主権回復に向かう沖縄

沖縄と東京の中央政府の関係が質的に転換しつつある。筆者の見立てでは、沖縄は主権回復に向けて歩みを進めている。そのきっかけとなったのが２０１２年10月16日に沖縄県で発生した米兵２人による集団強かん致傷事件だ。事件の悪質性に加え、東京の政治エリート（国会議員、官僚）の不誠実な態度に沖縄は激昂している。特にその不誠実さの象徴となっているのが森本敏防衛相だ。10月22日付『琉球新報』は社説で森本氏を厳しく糾弾し、こう述べる。

〈米海軍兵による集団女性暴行致傷事件を森本敏防衛相が繰り返し「事故」と表現している。これが国民を守るべき立場の閣僚の人権感覚か。妄言のそしりを免れない。／通りすがりの女性を路上で暴行した行為は容疑通りなら、凶悪犯罪だ。蛮行を「事故」と矮小化し表現することで被害女性をさらに傷つけ、苦しめてしまうとの想像力は働かないのか。女性全体を侮辱する発言でもあり断じて許せない。／（中略）森本防衛相は、記者団から事件の受け止め方を聞かれ、「非常に深刻で重大な『事故』だ」と発言した。二度、三度繰り返しており、吉良州司外務副大臣も同様に使っている。米軍基地内外で相次ぐ性犯罪を米政府は深刻に受け止めている。これに比べ日本側の対応は浅はかとしか言いようがない。／防衛相は、仲井真弘多知事の抗議に対し「たまたま外から出張してきた米兵が起こす」と発言した。／しかし、在沖米軍の大半を占める海兵隊は6カ月ごとに入れ替わる。移動は常態化しており、「たまたま外から出張してきた」との説明は言い訳にすぎない。そのような理屈が成り立つなら「ローテーションで移動してきたばかりで沖縄の事情を知らない兵士がたまたま事故を起こした」といくらでも正当化できよう。防衛相は詭弁を弄するのではなく、無責任な発言を直ちに撤回すべきだ。／（中略）政府に警告する。米兵犯罪が後を絶たないため仲井真知事をはじめ多くの県民が、「諸悪の根源」は米軍の特権を認め占領者意識を助長している日米地位協定にあるとの認識を一段と深めている。／県民からすれば凶悪犯罪を「事故」と認識する不見識な大臣、副大臣を抱えたことこそ「事故」だ。米兵犯罪や基地問題と真剣に向き合えない政務三役は、政権中枢にいる資格はない。日米関係を再構築する上でも害悪だ。〉

この社説に沖縄の民意が端的に示されている。しかし、森本氏、野田佳彦首相、玄葉光一郎外相を含む現政権幹部の大多数は事態の深刻さを理解していない。

さらに、11月2日未明、酒に酔った米兵が住居に侵入し、中学生を殴る傷害事件が発生した。米兵は逃げる際に3階のベランダから飛びおり負傷した。米軍の病院に収容されているため、日本の管轄が及ばない。同2日の記者会見で藤村修官房長官は、「起訴前の身柄引き渡しを要請する必要はないと考える」と述べた。日米地位協定に関し、外務官僚ができる限り米国に有利な解釈をしようと腐心している。その流れを藤村官房長官が追認している。11月3日付『沖縄タイムス』は社説で、〈民間アパートに侵入した男性は海軍病院に搬送され、逃げる時に負ったけがの手当てを受けている。容疑が固まり次第、日本側は、早急な身柄引き渡しを米側に要求すべきである。／地位協定や同協定の運用に関する「密約」によって、米兵には、さまざまな特権が与えられている。基地に逃げ込んだら日本の警察は被疑者を逮捕することができない。公務中の犯罪に対しては裁判権を行使することもできない。／そうしたことが、米兵の「逃げ得意識」や「占領者意識」を生み、事件を誘発してはいないだろうか。／オスプレイ配備と辺野古移設に関して政府は、いかなる意味でも地元の合意を得ていない。その上、2米兵による暴行事件や民家への未明の侵入事件が起きているのである。沖縄では「歩く凶器に飛ぶ凶器」という言葉さえ使われるようになった。／沖縄県民の生命・財産、人権が日常的に脅かされている現実を放置して安全保障を語ることは許されない〉と主張した。その通りだ。

客観的に見て、日本政府は、沖縄県民を二級市民と見なしている。日本の陸地面積のわずか0・6％を占めるに過ぎない沖縄県に在日米軍基地の73・8％が所在している。これは構造的差別そのものだ。このような差別政策が米兵による犯罪を含む過重負担を沖縄県民にもたらしている。

もっとも差別が構造化している場合、差別をしている側が自らを差別者と認識していないことはよくある。それだから、差別される側からの異議申し立てが必要になる。沖縄は懸命に異議申し立てを行なっているが、中央政府はそれを無視している。沖縄は、主権回復という形で、差別構造を脱構築しようとしている。そこで鍵になるのが言語と歴史だ。

琉球語を公用語に

全国紙は報じていないが、近未来に沖縄の主権回復に向けた鍵となる出来事が現在進行している。琉球語（ウチナーグチ）を公用語に回復しようとする動きだ。

〈那覇市（翁長雄志市長）が本年度の職員採用試験の面接で、受験者にウチナーグチのあいさつを取り入れることが（10月）21日までに分かった。市職員が市役所窓口などでウチナーグチであいさつする「ハイサイ・ハイタイ運動」の一環だ。採用試験への導入を機に、若者のウチナーグチ活用の意識付けにつなげたい考えだ。／市によると職員採用試験の面接に〝お国言葉〟を導入するのは全国的にも異例で、県内では初めて。市文化協会などとの意見交換でウチナーグチを採用試験に導入するよう求める声があった。それを踏まえ翁長市長が検討を指示していた。／市は1次試験通過者に送付する通知書に、面接でウチナーグチでの自己紹介を求める文書を同封する。「ハイサイグスーヨーチューウガナビラ」（皆さんこんにちは）「ニフェーデービル」（ありがとうございます）など例文を掲載し、ウチナーグチに不慣れな人でも対応できるようにする。／一方で採用試験の公平性を確保するため、アクセントの位置など語り口のうまさは採点対象にしない。市幹部は「採用後にウチナーグチを使う心構えをしてもらえればいい」と語った。／面接試験へのウチナーグチ導入について石原昌英琉球大教授（言語政策）は「受験者がウチナーグチを学ぶきっかけになる。県都那覇での実施は他の自治体や民間企業に広がる可能性もある。採用後の研修実施などウチナーグチ実践力を高める取り組みも行ってほしい」と期待を込めた。〉（10月22日『琉球新報』）

独自言語を回復しようとする動きはナショナリズムの核になる。次の段階で、琉球処分による琉球王国（琉球藩）の解体と日本への併合が合法的であったかが議論の対象になる。特に1854年の琉米修好条約、1855年の琉仏修好条約、1859年の琉蘭修好条約の原本がどのような経緯で東京都港区麻布台の外務省大臣官房総務課外交史料館に所蔵されるようになったかという具体的な歴史問題が沖縄から中央政府に対して提起されることになろう。

（2012年11月9日号）

佐々江賢一郎駐米大使は「敵のイメージ」になった

2012年12月16日に実施される衆議院議員選挙（総選挙）は問題だらけだ。まず、最高裁判所が違憲状態と判断した区割りでこの選挙は行なわれている。当然、選挙後に、今次総選挙の違憲と無効を確認することを求める訴訟が起きる。裁判官のトップ集団である最高裁の違憲判断を有象無象の国会議員如きが無視したことが、裁判官のプライドをひどく傷つけた。それだから、今次総選挙をめぐる訴訟で、地裁レベルでは、違憲のみでなく選挙結果を無効とする判決も出るのではないかと筆者は予測している。下級審でも、選挙結果が無効であるという判断が示されれば、そのような国会議員によって構成されている国会の正当性が揺らぐ。国会では、新たな区割りに加え議員定数の削減が行なわれる。新たな区割りが決まれば、それに基づいて、速やかな解散総選挙に向けた圧力が強まる。16日に行なわれる総選挙の結果、いずれかの党が衆議院の過半数を制したならば、ありとあらゆる手段を用いて解散を阻止するであろう。しかし、そのような状態にならず、諸政党の合従連衡《がっしょうれんこう》で与党の権力基盤が不安定な場合には、来年中に新区割りに基づく総選挙が行なわれることになると筆者は見ている。違憲状態での選挙という野田佳彦首相の賭けは、日本の民主主義制度を破壊しかねない暴挙だ。それに対する反作用が起きるのは当然だ。今次総選挙で、本来、重要な争点となるはずであった米海兵隊普天間飛行場の移設問題、MV22オスプレイの沖縄配備強行問題、日米地位協定改定問題が、沖縄県以外の日本では争点になっていない。

外務官僚の危機意識

このような状況に外務官僚が強い危機意識を募らせている。11年振りに外務事務次官から駐米大使に栄転した佐々江賢一郎氏が、11月27日に米国ワシントンで着任後、初の記者会見を行なった。その席で、佐々江氏は、沖縄と全面的に対決する姿勢を示すとともに尖閣問題で中国を挑発した。佐々江会見に関する全国紙の報道は断片的なので、危険が見えてこない。沖縄の新聞の報道を読むと、事柄の本質がよくわかる。

〈辺野古移設を推進　佐々江駐米大使

【米ワシントン27日＋松堂秀樹本紙特派員】佐々江賢一郎駐米大使は27日、ワシントン市内で大使着任後初の記者会見を開き、米軍普天間飛行場移設問題について「現在の安全保障環境上、沖縄県内に移設することが抑止力の維持につながる。米政府や米議会と意思疎通を図りながら進めていきたい」と述べ、名護市辺野古への移設を進める考えを示した。

県が日米両政府に要請している日米地位協定の改定については「日本政府としては修正せずに対応するという立場だ」と述べ、改正に向けた米政府との協議に否定的な姿勢を示した。

普天間移設は、4月の日米合意でそれまで一体とされてきた在沖海兵隊のグアム移転と切り離されたが、米議会が実現性を疑問視。佐々江大使はグアム移転関連予算の承認権を握る議会への働き掛けに尽力する考えを示し「グアム移転は負担軽減の一環だ。沖縄の声を聞くと同時に、米軍のプレゼンスによる抑止力の維持に努めたい」と述べた。

尖閣諸島をめぐる日中間の対立については「日本が1世紀以上実効支配を続けてきたが、中国が主張し始めたのは石油資源が発見された1970年代に入ってからだ」と指摘。「領有権に自信があるなら、中国はなぜ国際司法裁判所に提訴しないのか」と強調した。〉（11月29日『琉球新報』電子版）

日本の主張の説得力

尖閣問題に関して、佐々江氏は「領有権に自信があるなら国際司法裁判所に提訴しろ」と喧嘩を売っているがほんとうに大丈夫なのだろうか。日本政府は先占の法理に従って、1895年の閣議で尖閣諸島を日本領に編入したと主張しているが、この閣議決定は公表されていない。

正確に言うと、1952年3月、『日本外交文書』第23巻の刊行ではじめて公開された。また、1880年の「分島増約案」で、日本は清国に対して、宮古島以南の先島を割譲する国家意思を示した。文書も残っている。後に尖閣諸島が帰属する石垣島を日本政府が清国に割譲する国家意思を示した史実について問われた場合、尖閣諸島のみならず先島が日本の「固有の領土」という主張が国際社会でどのていどの説得力を持つかについて佐々江氏は考えたことがあるのだろうか。マスメディア、特に『琉球新報』と『沖縄タイムス』の記者が佐々江氏に尖閣諸島問題の関連で、「分島増約」「琉球処分」、さらに「琉米修好条約」（1854年）、「琉仏修好条約」（1855年）、「琉蘭修好条約」（1859年）の国際法的効力とこれら三条約の原本が東京都港区麻布台の外務省外交史料館に所蔵されるようになった経緯について、ワシントンにおける記者会見の場で佐々江氏に問い質してみると面白い。「これらの問題について、はっきりさせなければ尖閣諸島の領有権に対して中国に付け込む隙を与えることになります」とたたみかければ、佐々江氏の性格からして、必ず何らかの答えをする。そして、その答えの綻《ほころ》びから、佐々江氏が沖縄に対して差別的歴史認識を抱いていることを明らかにするのが、有識者の課題になる。

外務省は那覇に沖縄大使を派遣している。また、外務省沖縄事務所には、モスクワ、北京、ワシントンなどに配置されているのと同種の秘密、極秘、極秘（限定配布）、館長符号などの高度な暗号をかけることができる通信機材が設置され、専門の電信官も配置されている。沖縄情勢について、外務省沖縄事務所がさまざまな手段を用いて（それには報償費［機密費］を用いたインテリジェンス活動も含まれる）竹内春久沖縄大使名で外務大臣宛に送られる秘密公電は、在米大使館の佐々江賢一郎特命全権大使にも自動的に転電される。沖縄に関する機微に情報を踏まえた上で佐々江氏は11月27日の記者会見で、言葉をよく選んで「現在の安全保障環境上、沖縄県内に移設することが抑止力の維持につながる。米政府や米議会と意思疎通を図りながら進めていきたい」と述べたのだ。仮に辺野古移設が実現できなくなっても、普天間固定化、嘉手納統合など、いかなる手を用いても海兵隊を沖縄に配備するという外務官僚の強い意思が伝わってくる。さらに米政府、米議会との意思疎通さえ図れれば、沖縄の民意は押しきることができるという「力の政策」を取ることを佐々江氏は宣言している。米兵２人による集団強かん致傷事件、別の米兵による住居侵入・中学生殴打傷害事件について、佐々江氏は熟知している。その上で日米地位協定改定に消極的な姿勢を示すことができるのは、佐々江氏が沖縄人を同胞とみなしていないからだ。佐々江氏に自分の愛する人が米兵による集団強かんや傷害の対象になるという認識があれば、このような冷淡な態度はとれない。この会見の結果、佐々江賢一郎駐米日本大使は、沖縄にとって可視化された「敵のイメージ」になった。

（２０１２年12月14日号）

「軍事的には沖縄でなくてもよい」と森本敏防衛相が発言

2012年12月16日の総選挙（衆議院議員選挙）で、民主党は大敗北を喫し、自民党、公明党への再政権交代が起きた。同26日に国会で安倍晋三自民党総裁が首相に指名され、内閣の交代が行なわれた。その前日、森本敏防衛相（当時）が沖縄に関してきわめて重要な発言を行なった。

〈森本敏防衛相は25日の閣議後会見で、米軍普天間飛行場の移設先について「軍事的には沖縄でなくてもよいが、政治的に考えると沖縄が最適の地域だ」と述べ、名護市辺野古沖に移設する現行案は軍事的、地政学的でなく、政治的状況を優先して決定したとあらためて強調した。政治的な理由として「許容できるところが沖縄にしかない」と説明した。県外や国外移設、無条件撤去を求める沖縄の民意が強まる中、森本氏の発言に対する県内からの反発が出そうだ。

森本氏は「例えば日本の西半分のどこかに、ＭＡＧＴＦ（マグタフ＋海兵空陸任務部隊）が完全に機能するような状態であれば、沖縄でなくてもよい。軍事的に言えばそうなる」と述べ、県外移設は可能だとした。（中略）現職大臣である森本氏の発言は、県内移設の理由として日本政府がこれまで主張してきた沖縄の地政学的な優位性を否定するものだ。森本氏は、移設問題について「考えたように必ずしもならず心残りだ」と強調した。〉(12月26日『琉球新報』)

沖縄に米海兵隊を設置する根拠として外務省や防衛省が用いる「抑止力」「地政学」「地理」などが、「はじめに沖縄ありき」のこじつけであることは、情報を精査すればすぐに明らかになることなので、このような発言を森本氏が行なったこと自体に意外性はない。

「地理」が最も悪質

ちなみに理由づけのうち「地理」が最も悪質である。「抑止力」は、彼我の力関係によって変化するし、「地政学」ならば政治的意思で対決と協調の選択が幅広く生まれる。地政学的に見た場合、日本は海洋国家だ。海洋国家が対立するのは海洋国家である。従って、日本にとって最大の脅威は、地政学的に見れば、太平洋をはさんだ向こう側にある米国だ。それだから、日米戦争が起きたのだ。太平洋戦争後、日米の地政学的状況は変化した。それは日米両国の政治的意思が変化したからだ。これに対して、沖縄に米軍基地を配置する理由に「地理」をあげるのは、「地理的状況が変化しないので、運が悪かったと諦めよ」という意味なのできわめて悪質だ。

看過できないのは、「軍事的には沖縄でなくてもよいが、政治的に考えると沖縄が最適の地域だ」

という発言だ。森本氏は、沖縄に対する構造的差別の上で開き直ってこの発言をした。日本の陸地面積の0・6％を占めるに過ぎない沖縄県に在日米軍基地の73・8％が所在しているという状況は、客観的に見て不平等だ。地元の民意に反する政策を行なわないというのは、民主政治の大原則だ。沖縄県以外の都道府県が、米海兵隊普天間基地を受け入れないのは、地元の民意が反対しているからだ。東京の中央政府は、民主主義原則に従って、沖縄県以外への海兵隊の移設が不可能という判断をしているのだ。しかし、沖縄の民意も海兵隊受け入れに反対している。それにもかかわらず、森本氏が述べるような海兵隊の受け入れを政治的に「許容できるところが沖縄にしかない」という発言の意味は、沖縄県に対しては民主主義原則の適用が一部留保されるということだ。国際基準で見て、中央政府は沖縄県民を「二級市民」と見なしている。そして、沖縄県を準植民地のごとく扱っている。普天間飛行場の辺野古移設、MVオスプレイの沖縄強行配備、日米地位協定などについて、従来の保革の壁を超えた異議申し立て運動が起きているのは、中央政府の対沖縄政策が、差別的、侮辱的、植民地主義的だからだ。

米海軍の沖縄分析

ところで、沖縄県は精力的に県史編纂を行なっている。1965年から刊行が始まった旧『沖縄県史』（全23巻・別巻1）は1977年に完結した。筆者の本棚の中心を『沖縄県史』が占めている。沖縄県は、1993年から新編集の『沖縄県史』を刊行し始めている。1995年に『沖縄県史　資料編1　民事ハンドブック』（発売元・那覇出版社）が刊行された。『琉球列島に関する民事ハンドブック』とは、米海軍省が1944年11月15日に刊行した部外秘の指定がなされた基礎資料だ。インテリジェンスの世界に「オシント（OSINT）」という業界用語がある。「公開情報諜報（Open Source Intelligence）」の略で、新聞、雑誌、書籍、研究論文、政府の白書など公開されている情報を分析して作成したインテリジェンスのことだ。『民事ハンドブック』はオシントの傑作である。『沖縄県史』では、英文のオリジナルを復元するとともに日本語訳も作成している。住民の「民族的立場」に関する以下の記述が興味深い。

〈日本人と琉球島民との密着した民族関係や近似している言語にもかかわらず（142章参照）、島民は日本人から民族的に平等だとは見なされていない。琉球人は、その粗野な振る舞いから、いわば「田舎から出てきた貧乏な親戚」として扱われ、いろいろな方法で差別されている。一方、島民は劣等感など全く感じておらず、むしろ島の伝統と中国との積年にわたる文化的つながりに誇りを持っている。よって、琉球人と日本人との関係に固有の性質は潜在的な不和の種であり、この中から政治的に利用できる要素をつくることが出来るかも知れない。島民の間で軍国主義や熱狂的な愛国主義はたとえあったとしても、わずかしか育っていない。〉（75頁）

自民党の「沖縄通」は、2014年1月の名護市長選挙で、現職の稲嶺進氏が排除され、辺野古移設を容認する市長が当選すれば、仲井眞弘多沖縄県知事、沖縄県選出の自民党国会議員も「苦渋の選択」で、辺野古移設を受け入れると考えている。沖縄保守の地殻変動が起きていることを東京の政治エリート(国会議員、官僚)の大多数は理解していない。もっとも沖縄に出先を持ち、日常的に幅広く、深い情報収集活動を行なっている外務省と防衛省は、利権誘導と恫喝によって沖縄の保守勢力を中央政府の傀儡《かいらい》として動かすという自民党の伝統的手法が通用しないことがわかっている。しかし、「辺野古移設を推進することが国益だ」と主観的に信じ込んでいるので、「機動隊を導入し、力で解決することになるが、何とか沖縄の不満を抑え込むことができるのではないか」という希望的観測にすがっている。そのような希望がかなう可能性は皆無だ。中央政府の構造化された差別政策に対して、沖縄は主権を回復するという方向で、事態を打開しようとしている。当事者がどこまで意識しているかは別として、仲井眞知事、又吉進知事公室長は、当事者能力を持たない日本の中央政府に見切りをつけ、米国政府との直接交渉を始めている。米国の国務省、国防総省も沖縄を当事者と認め始めている。翁長雄志那覇市長(自民党)は、ウチナーグチ(琉球語)の公用語化に向けた動きを着実に進めている。第三者的に見るならば、沖縄が主権を回復する過程が加速しつつある。

(2013年1月11日号)

第5章　安倍政権の強権と仲井眞知事の転向

「建白書」の提出と、「現実」を認識していない安倍晋三首相

２０１３年2月2日、安倍晋三首相が沖縄を日帰り訪問した。首相の訪沖時、沖縄県知事との会談は、通常、県庁で行なわれ、マスメディアに完全に公開される。しかし、今回の会談は、首相側の要請で、那覇市のハーバービューホテルクラウンプラザで行なわれ、しかも冒頭しか記者に公開されなかった。

〈会談冒頭の「頭撮り」が終わり、報道陣が退席した数分後、安倍晋三首相と仲井真弘多知事は、同席していた両副知事や山本一太沖縄相らを残して別室に移動し、約30分間、２人だけで会食した。県幹部は「話題は沖縄振興全般では」と言うが、事務方も交えない密談の内容をめぐり臆測を呼ぶ可能性は高い。〉（２月３日『琉球新報』）

「密談」となった意味

なぜこのような形態の会談になったのか。それは、安倍首相、仲井眞知事がどれだけ自覚しているかは別として、沖縄が他の都道府県と異なり、準国家のような存在になっているからである。それだから、中央政府、沖縄県のいずれの公的施設でもない中立的なホテルで外交の世界の業界用語で言う「テタテ」（1対1）の会談が行なわれたのだ。もっとも、外交の世界では「テタテ」の会談でも通訳が同席し、記録を作成するので、完全な密談にはならない。しかし、今回の安倍・仲井眞会談に記録係は同席していないようなので、完全な密談が行なわれた。踏み込んだ話し合いが行なわれたのか、それとも腹を探り合っただけなのかは、わからない。

表に出ている情報から判断すると、MV22オスプレイの沖縄配備強行問題、米海兵隊普天間飛行場の辺野古（沖縄県名護市）への移設問題について、首相と知事の見解は平行線だったようだ。ただし、仲井眞発言で少し気になる部分がある。〈知事は普天間問題について「1日も早い移設返還をお願いしたい。県民には、なるべく県外移設してほしいという強い気持ちがある」と述べた。オスプレイについては「安全確保は当然だ。県民の不安が非常にあるので、不安の払しょくに力を入れてほしい」と求めた。今後の沖縄振興に向けては「日本の発展のために貢献できる。もうしばらく力添えをいただきたい」と求めた〉（2月2日『琉球新報』電子版）。米海兵隊普天間飛行場の移設について、知事が「県民には、なるべく県外移設してほしい」と「なるべく」という留保をつけていることだ。外務官僚、防衛官僚は、この「なるべく」を突破口にして、仲井眞知事に辺野古移設という「苦渋の選択」を迫っていくことになると思う。また、オスプレイについても「不安の払しょく」という表現を利用して、外務官僚、防衛官僚は運用改善によって可能であるという論理を展開するであろう。

東京の政治エリート（国会議員、官僚）の間では、沖縄に関し、実態から乖離した言説が流通している。それは、「沖縄では、保守と革新が裏で手を握っている。基地反対を革新が激しく叫ぶ。それを取引材料に保守がカネを取る。実際には米海兵隊普天間基地の辺野古移設を受け入れる声もかなりある。MV22オスプレイの沖縄配備も押し切れる。むしろオスプレイを普天間に配備したことによって、『普天間の危険除去』を理由に辺野古移設の推進が可能になる。政府が毅然たる対応をすれば、仲井眞弘多知事、県選出の自民党国会議員は『苦渋の選択』を受け入れる。自民党の政治家で少し面倒なのは、翁長雄志那覇市長だが、辺野古は名護市、普天間は宜野湾市の管轄なので、那覇市長が関与できる範囲は限定的だ」というような内容だ。

「沖縄の主権」の視座

1月28日、オスプレイ配備に反対する県民大会実行委員会の代表と市町村長約30人が首相官邸を訪れ、安倍首相に「建白書」（要請文）を手渡した。オール沖縄の意思がこの建白書にまとめられている。建白書に、〈特に米軍普天間基地は市街地の真ん中に居座り続け、県民の生命・財産を脅かしている世界一危険な飛行場であり、日米両政府もそのことを認識しているはずである。／このような危険な飛行場に、開発段階から事故を繰り返し、多数に上る死者をだしている危険なオスプレイを配備することは、沖縄県民に対する「差別」以外何物でもない。現に米本国やハワイにおいては、騒音に対する住民への考慮などにより訓練が中止されている〉と記されている。沖縄に対する構造化された差別がオスプレイ問題、普天間問題の根源にある。問題は、この現実を安倍首相が正確に認識していないことだ。

沖縄で安倍首相は、〈民主党政権で国と沖縄県の関係性が悪化したとし「この3年間で信頼関係が壊れた。信頼関係を構築したい」と述べた〉(2月2日『琉球新報』電子版)。民主党政権で、東京の中央政府と沖縄の関係が悪化したのではない。これまで隠蔽されていた東京の政治エリートによる沖縄に対する構造化された差別が民主党政権の3年間で可視化されたのである。日本の陸地面積の0・6%にすぎない沖縄県に在日米軍基地の73・8%が所在する数字が差別を物語っている。この構造を作り出したのは、自民党政権だ。安倍首相に手渡された建白書には、〈オスプレイが沖縄に配備された昨年は、いみじくも祖国日本に復帰して40年目という節目の年であった。古来琉球から息づく歴史、文化を継承しつつも、また私たちは日本の一員としてこの国の発展を共に願っても来た。／この復帰40年目の沖縄で、米軍はいまだ占領地でもあるかのごとく傍若無人に振る舞っている。国民主権国家日本のあり方が問われている〉と記されている。これが自民党を含む沖縄の共通認識だ。

今回の安倍首相の沖縄訪問を受けた翁長那覇市長の発言が重要だ。

〈（2日、翁長市長は、）米軍普天間飛行場の名護市辺野古移設計画や日米合意違反を繰り返し市街地上空を飛ぶオスプレイなどに触れ「首相は『誠心誠意ご理解を願いたい』と言うが、既定路線を歩んでいる」と指摘した。「懸念している事項について、僕らの理解を得られるような内容のある行動をしてほしい。論より証拠だ」と強調した。／辺野古移設に向けた公有水面埋め立て申請について、安倍首相が訪米前に申請しない考えを示したことには「タイミングを計っている感じだが、埋め立て申請をやると、政府は大きな試練に立たされると思う」と、沖縄が強い反発を示すとの認識を示した。〉（2月3日『琉球新報』）

翁長市長も仲井眞知事も「沖縄の主権」という視座から考え、行動しているのである。建白書に記された〈1．オスプレイの配備を直ちに撤回すること。及び今年7月までに配備されるとしている12機の配備を中止すること。また嘉手納基地への特殊作戦用垂直離着陸輸送機CV22オスプレイの配備計画を直ちに撤回すること。／2．米軍普天間基地を閉鎖・撤去し、県内移設を断念すること〉という要請に政府が応えることが唯一の現実的方策と思う。政府は、沖縄との関係で既に国民統合に失敗しているという現実を直視し、沖縄が内発的に中央政府に協力する環境をどうすれば醸成できるかについて真剣に考え行動すべきだ。さもないと近未来に日本の国家統合が崩れる。

（２０１３年２月８日号）

橋下徹大阪市長の沖縄認識は浅薄で下地幹郎氏の影響がある

2013年6月6日、首相官邸で、安倍晋三首相、菅義偉内閣官房長官が日本維新の会の橋下徹大阪市長、松井一郎大阪府知事と会談した。この会談には大阪の地域政党「大阪維新の会」と政策協定を結んでいる沖縄の地域政党「そうぞう」の下地幹郎代表（前衆議院議員）が同席した。橋下氏らは、米軍新型輸送機MV22オスプレイの演習を一部、八尾市（大阪府）で受け入れる意向を表明した。この会談を受けて、首相官邸は防衛省にオスプレイ訓練の八尾市での受け入れ可能性を検討せよと指示した。

沖縄の民意と無関係

そもそもこの面会自体が民主主義の原則に照らしておかしい。橋下氏は、大阪市の有権者によって市長に選出されたが、八尾市、沖縄県の有権者による選挙の審判は受けていない。また、松井知事は、八尾市を含む大阪府の有権者により選出されたが、選挙によって沖縄県の有権者の信任を受けたことは一度もない。確かに、橋下氏が共同代表、松井氏が幹事長をつとめる「日本維新の会」は全国政党だ。しかし、この政党に沖縄県から選出された国会議員は一人もいない。沖縄県の民意に反してオスプレイは普天間基地（沖縄県宜野湾市）への配置を強行され、そして沖縄全域で訓練を展開している。橋下氏は、沖縄の利益の代弁者のごとく振る舞っているが（主観的にはそう認識しているのだろう）、沖縄の民意による信託を一切受けていない。橋下氏は、下地氏が代表をつとめる沖縄の地域政党「そうぞう」と政策協定を結んでいるので、沖縄の民意を代弁できると勘違いしているのかもしれない。しかし、政策協定は地域政党である「大阪維新の会」と結んでいる、その拘束は「日本維新の会」には及ばないはずだ。下地氏が衆議院議員をつとめていたときに、当初は、辺野古移設は非現実で嘉手納基地（沖縄県嘉手納町）に海兵隊を統合すべきであるという独自の県内移設論を持論にしていた。野田佳彦政権の閣僚に就任すると、下地氏は辺野古移設に賛成と意見を変えた。この変節が沖縄県民から厳しく批判されると、辺野古移設に再び反対するようになった。時の政治情勢を見て、自らにとってもっとも都合がよい場所を探すという下地氏の日和見主義的姿勢に筆者は吐き気を覚える。このような変節漢は沖縄の恥と考える。もっとも沖縄県の有権者は、前回の衆議院選挙で下地氏を落選させた。民意によって忌避された下地氏の政治活動には民主的な正当性がない。永田町には種々のロビイストやフィクサーがいる。この人たちは、選挙による民意の洗礼を受けていない。下地氏が代表をつとめる地域政党「そうぞう」は国会議員を一人も擁していない。下地氏の国政への関与は、フィクサーに近いと筆者は認識している。

さて、6月6日、沖縄県議会が橋下市長の米海兵隊兵士に対する風俗施設利用奨励発言に対して、抗議決議の採択を行なった。このとき政党「そうぞう」所属議員は独自の行動を取った。

〈県議会（喜納昌春議長）は6日、臨時会を開き、日本維新の会共同代表の橋下徹大阪市長が、米軍普天間飛行場の司令官に風俗業の活用を提案した発言に対する抗議決議案を賛成多数で可決した。そうぞう会派の3氏が反対し、無所属の新垣安弘氏は退場した。／抗議決議は橋下氏発言を「暴言ともいえる、人権感覚を欠いた発言で許しがたい」と指摘。「県民感情を逆なでする発言であり、県民に対する謝罪を強く要求する」と求めている。／臨時会では、5月28日に本島東海上で発生した、米軍F15戦闘機墜落事故に関する日米両政府への抗議決議と意見書の両案を全会一致で可決した。／臨時会終了後、県議会の米軍基地関係特別委員会の所属議員らが、在日米軍沖縄地域調整官（4軍調整官）、在沖米国総領事らに決議文を手渡すため、県議会を出発した。〉（6月6日『沖縄タイムス』電子版）

抗議決議に反対の党

橋下氏の発言が「暴言ともいえる、人権感覚を欠いた発言で許しがたい」と指摘し、「県民感情を逆なでする発言であり、県民に対する謝罪を強く要求する」と求める決議に反対するという沖縄の民意から乖離した政治観、人権感覚を持っているのが下地氏が代表をつとめる新党「そうぞう」なのだ。『琉球新報』は6月8日の社説で、橋下氏の姿勢を厳しく批判した。この問題を理解するための基本文書なので全文を引用しておく。

〈維新訓練移転案　県外移設こそ国民議論を

日本維新の会の橋下徹共同代表が安倍晋三首相に対し、米海兵隊MV22オスプレイの訓練の一部を大阪府の八尾空港で受け入れる構想を伝えた。沖縄の負担軽減というより、「慰安婦」に対する自身の暴言への批判をかわす小手先の案に見える。沖縄を政治利用するつもりなら、やめてもらいたい。

橋下氏が代表を務める地域政党の大阪維新の会は先月、政党そうぞうと米軍普天間飛行場の名護市辺野古移設推進の政策協定を締結した。会見で「県外移設は辺野古と同じくらい実現不可能ではないか」と述べた。本音は普天間代替基地を県内に押し込めたいだけではないか。

橋下氏は大阪府知事時代に「米軍基地は沖縄だけに負担させる問題ではないとの認識を持ちたい」と述べ、普天間の県外移設に積極的な姿勢を見せていた。米軍機訓練の関西空港への移転受け入れも表明した。しかし、どれもうやむやになっている。これはどういうことか。

状況に応じて発言を変遷させる橋下氏の言葉には、重みがみじんも感じられない。在日米軍の風俗業活用発言についても6日午前には「沖縄の皆さんに誤解を与えたなら申し訳ない」と陳謝していたが、夜になると「沖縄県民を侮辱したわけではないので、筋が違う」と正反対のことを言い出す。朝令暮改以外の何物でもない。

橋下発言について県議会が抗議決議を可決した。「筆舌に尽くしがたい苦しみと痛み、人権じゅうりんを強いられている県民の感情を逆なでする発言で断じて許しがたい」と、県民への謝罪を求めたのは当然だ。

風俗活用発言について、橋下氏は「『性犯罪を抑えるために本気になってください』と伝えるため」と述べ、沖縄での犯罪抑止が理由だったと自己正当化した。八尾空港利用についても沖縄の負担軽減が目的だという。沖縄に寄り添っているかのように見えるが、これは明らかに理不尽だ。なぜ、沖縄への基地固定化が前提なのか。

オスプレイ配備撤回の東京行動で県民代表が政府に渡した建白書にある「普天間基地を閉鎖・撤去し、県内移設を断念する」との沖縄側の要求はまるで考慮していない。橋下氏は、全機移駐もしくは普天間飛行場の県外・国外移設こそ提案し、国民的議論を促すのが筋だ。八尾移転案は大いに疑問だ。〉

橋下氏、松井氏の沖縄に関する知識は浅薄で日本維新の会の在沖米軍基地問題をめぐる政策は下地氏の強い影響下にある。東京の政治エリートに過剰同化する下地氏の活動を沖縄の政治エリート、マスメディア、沖縄人、心ある日本人が厳しく監視する必要がある。
（２０１３年６月14日号）

中、韓、沖縄と問題起こす麻生太郎「ナチス発言」の本質

2013年7月29日、東京都内で行なわれたシンポジウムに出席した麻生太郎副総理兼財務相が憲法改正問題に関連し、「憲法は、ある日気づいたら、ワイマール憲法が変わって、ナチス憲法に変わっていたんですよ。だれも気づかないで変わった。あの手口学んだらどうかね」と述べた。この発言に米国のユダヤ人人権団体が非難声明を発表し、中国、韓国の外交当局も公式に批判した。麻生氏は8月1日、ナチスを例として用いたことについて、「誤解を招く結果となった」と撤回した。しかし、謝罪はしなかった。翌2日、麻生氏は、〈「狂騒の中でナチスが出てきた悪しき例として我々は学ばないといけないと言った」と改めて釈明した。批判声明を発表した米国のユダヤ人人権団体に陳謝する考えは「ない」とも強調。野党からの閣僚・議員辞職要求についても「辞職するつもりはない」と否定した〉(8月2日『朝日新聞デジタル』)。麻生氏は悪いことをしたと思っていないので謝罪しないのだ。

8月1日、橋下徹大阪市長は本件に関して、〈「ちょっと行き過ぎたブラックジョークだったんじゃないか」と述べた。発言全体に関しては「ナチスドイツを正当化したような趣旨では全くな

い。憲法改正論議を心してやらないといけないということが趣旨だったんじゃないか」と理解を示した。さらに、ナチスを譬えにしたことについて「政治家で（こうした言動を）やろうと思ったら、こういう批判は出るんだろう。エンターテインメントの世界とかならいくらでもある」とも述べた〉（8月2日『毎日新聞』電子版）。筆者は、ナチスの権力掌握をブラックジョークとして用いているエンターテインメントなるものを見たことがない。仮にエンターテインメントの世界であったとしても、ナチスを肯定的に評価したと受け止められる発言を公共圏で行なったならば、欧米やロシアでは顰蹙《ひんしゅく》を買う。

発言全体に関しては、ナチスを正当化する趣旨ではないという認識は麻生氏も示している。しかし、ここで重要なのは麻生氏がどのような文脈でこの発言を行なったかを実証的に検討することだ。8月1日の『朝日新聞デジタル』が麻生発言を詳細に報じている。

〈僕は4月28日、昭和27年、その日から、今日は日本が独立した日だからと、靖国神社に連れて行かれた。それが、初めて靖国神社に参拝した記憶です。それから今日まで、毎年1回、必ず行っていますが、わーわー騒ぎになったのは、いつからですか。／昔は静かに行っておられました。各総理も行っておられた。いつから騒ぎにした。マスコミですよ。いつのときからか、騒ぎになった。騒がれたら、中国も騒がざるをえない。韓国も騒ぎますよ。だから、静かにやろうやと。憲法は、ある日気づいたら、ワイマール憲法が変わって、ナチス憲法に変わっていたんですよ。

だれも気づかないで変わった。あの手口学んだらどうかね。／わーわー騒がないで。本当に、みんないい憲法と、みんな納得して、あの憲法変わっているからね。ぜひ、そういった意味で、僕は民主主義を否定するつもりはまったくありませんが、しかし、私どもは重ねて言いますが、喧噪のなかで決めてほしくない。〉（8月1日『朝日新聞デジタル』）

確かに橋下氏が指摘するようにここで麻生氏は、憲法改正論議を心してやらないといという趣旨を述べている。同時に「みんないい憲法と、みんな納得して、あの憲法変わっているからね」と肯定的な文脈で、ナチスの手口に学べと麻生氏が主張したと解釈される余地が十分にある。

ちなみに麻生氏は「ナチス憲法」が存在すると勘違いしているようだ。ナチスは、ワイマール憲法を改正していない。1933年にヒトラーに憲法を超える立法権を付与するいわゆる全権委任法（民族及び国家の危機を除去するための法律」）を採択した。しかし、改憲は行なわず、形式的にワイマール憲法はヒトラーの時代も存続した。安倍政権は、内閣法制局による憲法解釈を変更することにより、集団的自衛権の行使を可能にしようとしている。このアプローチが、麻生発言によって、ナチスの全権委任法によるワイマール憲法の形骸化という「手口に学んだもの」と国際社会から見られる可能性がある。

実証性が希薄な認識

さらに麻生氏は、ナチスが権力を掌握した過程について、〈僕は今、（憲法改正案の発議要件の衆参）3分の2（議席）という話がよく出ていますが、ドイツはヒトラーは、民主主義によって、きちんとした議会で多数を握って、ヒトラー出てきたんですよ。ヒトラーはいかにも軍事力で（政権を）とったように思われる。全然違いますよ。ヒトラーは、選挙で選ばれたんだから。ドイツ国民はヒトラーを選んだんですよ。間違わないでください〉と述べている。麻生氏は、上から目線で、聴衆にヒトラーが軍事力で政権を取ったように思われているのは「全然違いますよ」、ドイツ国民がヒトラーを選んだことを「間違わないでください」と教えを垂れている。ヒトラーが国会議事堂放火事件を最大限に利用し、共産主義者、社会民主主義者などに弾圧を加え、権力を掌握したことを麻生氏は完全に無視している。

問題を麻生氏の失言癖に矮小化してはならない。自民党の国会議員で、歴史修正主義的見解を表明する人が少なからずいる。その人たちの歴史認識の特徴は、無意識のうちに独自のプリズムを通して歴史を構築していることだ。すなわち、過去の出来事の一部を拡大し、別の部分については黙殺する。そして、実証性が稀薄な「物語としての歴史」に固執する。仮にこのような歴史認識に立つ人がいても、その人が力を持っていないならば、大きな悪影響は生じない。しかし、麻生氏は副総理兼財務相で、現下日本の権力の中枢にいる。

米国の社会学者チャールズ・ライト・ミルズ（1916～62年）は、社会学の古典となった『パワー・エリート』（1956年）で、〈権力エリートは、普通一般の男女の生活している日常生活環境を超越しうるような地位を占める人々によって構成されている。すなわち、かれらは、重大な決定を下しうる地位を占めている。かれらが、そのような決定を実際に下すか下さないかということはあまり重要ではない。すなわちかれらの不作為、ないし決定回避それ自体が一つの行為であり、それは往々にして、かれらの下す決定よりもいっそう重要な結果をひき起こす。というのは、かれらは、現代社会の主要な諸秩序と諸機関を支配しているからである〉（C・W・ミルズ［鵜飼信成／綿貫譲治訳］『パワー・エリート　上』東京大学出版会、2頁）と述べている。

参議院選挙後、自民党の政治家は、無意識のうちに「われわれは、パワー・エリートなので、国民の統制に服する必要はない」という認識を抱き始めている。それが麻生発言で顕在化した。近未来に韓国、中国、さらに沖縄との関係で、パワー・エリートの実証性が稀薄な歴史認識が深刻な問題を引き起こすことになると筆者は見ている。

（2013年8月9日号）

県主催で初めて開かれた「しまくとぅば県民大会」の力

2013年10月3日、東京で日米外務・防衛担当閣僚会合（2プラス2）が開かれた。会合には岸田文雄外相、小野寺五典防衛相、米国のケリー国務長官、ヘーゲル国防長官が出席した。東京で4閣僚が揃ったのは初めてのことだ。米国がこの会合を重視していることの表れだ。〈共同発表文書では、中国について「国際的な行動規範を順守し、急速に拡大する軍事上の近代化に関する開放性及び透明性を向上させるよう引き続き促す」とした。中国の海洋進出を念頭に置いた「海洋における力による安定を損ねる行動」について、「平和と安全に対する脅威および国際規範への挑戦」と批判した〉（10月3日『朝日新聞デジタル』）。米国側は集団的自衛権の行使容認に向けた安倍政権の対応を「歓迎し、日本と緊密に連携していく」（共同記者会見におけるヘーゲル国防長官）と述べた。

急速に国力を増強する中国に対抗して、日米が外交的、軍事的連携を強化していくということだ。客観的に見れば、日米中の3カ国が帝国主義的なパワーゲームを展開している。そして、現時点でこのパワーゲームの焦点となっているのが沖縄だ。

〈共同発表文書では、辺野古移設が「普天間の継続的な使用を回避する唯一の解決策」と明記。日本政府は沖縄県の仲井真弘多知事に建設予定地の埋め立てを申請しており、仲井真氏が年内に認めるかが焦点になっている。／そのため、2プラス2では、沖縄の負担軽減策の打ち出しに力を入れた。沖縄本島の東方沖にある米軍の訓練区域「ホテル・ホテル」の使用制限の一部解除について、11月末までに取り決めを作成することで合意。在沖縄海兵隊のグアム移転を「2020年代前半に開始する」と時期を初めて明示した。／ただ、グアム移転では、米政府の国防予算削減の影響で、移転費の支出が遅れており、実現には不透明さがつきまとう。2プラス2では、米新型輸送機オスプレイについても「沖縄における駐留及び訓練の時間を削減する」と合意したが、具体的な地名や期間には触れなかった。／2プラス2の共同発表を受け、仲井真知事はコメントを発表。普天間飛行場の辺野古移設について「実現は事実上不可能で、県外移設を求める考えに変わりはない」と厳しい立場を崩さなかった。〉（10月4日『朝日新聞デジタル』）

県が初めて大会主催

仲井眞知事が普天間飛行場の辺野古移設が「実現は事実上不可能」と繰り返し述べているにもかかわらず、東京の政治エリート（国会議員、官僚）、全国紙記者の中には、「来年1月の名護市長選挙で辺野古受け入れを容認する候補が当選すれば、自民党沖縄県連、仲井眞知事も容認に立場を変更する」という非現実的観測をする人が多い。

　日本人の政治エリートには、日米両国政府が何を決めようとも、沖縄の死活的利益にかかわる事柄については、沖縄人の同意なくして進めることはできないという単純な事実が理解できない。沖縄との関係において、日本は国民統合に失敗したのである。中央政府は、沖縄人を日本人に同化することができなかった。この現実を見据えなくては、事柄の本質が理解できない。国際基準で見るならば、沖縄で進んでいる現下の事態は、民族問題の初期段階なのである。それを端的に示すのが、9月18日、宜野湾市で沖縄県主催で行なわれた「しまくとぅば県民大会」だ。「しまくとぅば」（島言葉）とは、琉球語（沖縄語、うちなーぐち）に対して、暫定的につけられた名称である。2006年3月31日付沖縄県条例第35号で、9月18日が「しまくとぅばの日」に定められた。ただし、県主催で大会が行なわれたのは今回が初めてだ。

　9月19日付『琉球新報』は、〈何がそこまで県民をしまくとぅばに駆り立てるのか。文化の基層である言葉が消滅すれば、伝統行事や芸能など上層の文化も失われてしまう。その継承、復興への思いは民族的危機感とも言えよう。／時代が言語環境に反映することを考えれば、沖縄を取り巻く状況とも決して無縁ではないだろう。／しまくとぅばを失っては、沖縄への理不尽な押し付けにも抗えなくなるといった思いが、県民に強まっているのではないか〉（9月19日『琉球新報』社説）と指摘した。この社説は、沖縄人の集団的意識を端的に表現している。

主権回復の日が契機

9月18日付『沖縄タイムス』は一面に琉球語、五面に日本語の社説を掲載した。〈「しまくとぅばぬ日」忘んなよ「沖縄ぬ肝心」／ユネスコんでぃ　いゅる　国連ぬ機関ぬ　沖縄ぬ島々うてぃ使とーる　くとぅばや　絶滅ぬ危機んかいあんでぃいち　定みやびたん〉〈「しまくとぅばの日」深く掘れ「文化の基層」／ユネスコという国連の機関が、沖縄の島々で使われている言葉を、絶滅の危機にある言語、と認定しました〉で始まる格調の高い文書だ。さらにこの社説は、〈言語政策は政治と深い関係があります。米軍政下の沖縄では、祖国復帰運動と日の丸掲揚運動と標準語教育が一緒になって、現場の教師たちによって「日本国民としての教育」が進められました。／戦後、35年ぶりに里帰りした詩人の山之口貘は、戦争で変わってしまった沖縄を思って、こう嘆いています。／「ウチナーグチマディン　ムル　イクサニ　サッタルバスイ」（ウチナーグチまでもすべて戦争でやられたのか）／しまくとぅばは島々によって異なっています。共通語の必要性はよく理解できますが、標準語教育が行き過ぎて自分たちの言葉を軽んじていたのです。／心の底から湧き上がる感情や怒りをストレートに表現できる言葉といえば――やはりしまくとぅばです。／しまくとぅばが消滅すれば、私たちは祖先から受け継いできたウチナーンチュの魂を失うことになるのです〉と指摘する。

独自言語の回復が、ナショナリズムが活性化する際の鍵になることは、民族学（文化人類学、社会人類学）の基礎的素養のある人ならば、誰でもわかることだが、東京の政治エリートは事態の深刻さに気づいていない。近未来に沖縄では琉球語に公用語の地位を付与しようとする動きが顕在化する。琉球語の公用語化は、沖縄の主権回復と不可分の関係にある。沖縄以外では、沖縄の主権回復に向けた重要な一里塚になるこの行事に関する報道がほとんどなされていない。

日本人と沖縄人の主権意識は異なる。沖縄人にとって、沖縄の主権は、それが潜在しているか、顕在化するかという表象の差異があるとしても常に存在しているのである。今年4月28日に、初めて日本の中央政府主催による「主権回復の日」記念式典が行なわれたが、沖縄人はこのときに「われわれ沖縄人の主権とあの人達の考えている主権は異なる」という現実に気づいた。もちろんこれが直ちに沖縄の日本からの分離・独立に繋がるわけではない。なぜなら沖縄人の圧倒的大多数は同時に日本人としての複合アイデンティティーを持っているからだ。それが日本と沖縄の重層的主権という政治意識に変容し始めている。

（2013年10月11日号）

沖縄を「ネズミ」と見なす中央政府への激しい異議

沖縄戦終結後、１９４６年6月まで、沖縄は米海軍軍政府の統治下に置かれていた。軍政府政治部長のジェームス・Ｔ・ワトキンズ少佐（１９０７～82年）は、米軍と沖縄の関係をネコとネズミにたとえた。ワトキンズは、日本専門家で後にスタンフォード大学教授になる知識人だ。ワトキンズ発言の骨子は以下の通りだ。

〈「大多数の将校は沖縄人を信用していない。陸海軍の将校は政治に幼稚であり、デモクラシーも知らない。軍の方針にそわないものは軍の方針でおさえる。……数日間で政治機構ができるが、米軍としてはそれをつぶすのも朝飯前である。米国では民衆の声を重視するが、沖縄は敵国だから民衆の声はない……。たとえば軍政府はネコで沖縄はネズミである。ネズミはネコの許す範囲でしか遊べない」「ネコとネズミは今好い友達だがネコの考えが違った場合はこまる。私もムーレー大佐もコードウェル少佐も永くは居ない。居る間に政治機構を見たいので急激になった（引用者註＊軍政府によって作られた沖縄諮詢会の機構をそのまま政府に移行すること）」「平和会議が済むまでは米国はネコで沖縄はネズミであるから其事を心得て置く。ネコがネズミに蹉び付かない様にする機構は今の機構が安全である」〉（大城将保『琉球政府』ひるぎ社、１９９２年、35頁）

大城将保氏は、ワトキンズの真意は、沖縄の軍政が海軍から陸軍に移管すると〈彼らは民事のなんたるかを知らない戦闘部隊の将校たちであり住民側と摩擦をひきおこす恐れがある〉（前掲書35～36頁）ので、暫定的に戦前の統治システムをモデルにした機構を整えておいた方がよいという好意的助言であったとする。ワトキンズの主観的意図がどのようなものであったにせよ、「ネズミはネコの許す範囲でしか遊べない」という発想は、植民地主義そのものだ。

流血の事態が起きる

２０１３年12月27日、沖縄県の仲井眞弘多知事は、中央政府による辺野古（沖縄県名護市）の埋め立てを承認した。この過程で露見した中央政府の沖縄に対する姿勢は、まさに日本をネコ、沖縄をネズミと見なすものだ。

このような中央政府の強権的対応に対して、沖縄では、烈しい異議申し立てが行なわれている。12月28、29日に『琉球新報』と「沖縄テレビ放送」が行なった緊急世論調査の結果が、沖縄の民意を正確に反映している。自民党本部の圧力により沖縄関係自民党国会議員５人のうち、國場幸之助衆議院議員を除く4人が県外移設の公約を撤回し、自民党県連も県外移設から「辺野古を含むあらゆる可能性を排除しない」という方針に転換した。それにもかかわらず、米海兵隊普天間飛行場の問題の解決については、県外・国外移設、無条件閉鎖・撤去を73・5％が支持している。辺野古移設支持は、15・9％に過ぎない（その他の県内移設を含めても22・6％）。沖縄県民の7割以上が反対している状況での辺野古移設は事実上不可能である。中央政府が現在の移設計画を強行すると流血の発生が予測される。

また、知事の埋め立て承認を支持しない理由として、「新たな米軍基地を造るべきではないから」が33・2％で最も高かった。伊佐浜、伊江島をはじめとする沖縄の米軍基地は、民意に反し「銃剣とブルドーザー」によって造られた。しかし、今回、中央政府は、アメ（沖縄振興策という名のカネ、基地負担削減という空手形）とムチ（普天間固定化という恫喝）により、県の有権者によって民主的手続きによって選出された知事、名護市長の了承を得るという形を取りつけ、「県民の民意を踏まえた」という擬制を整えて辺野古に巨大軍事基地を建設しようと画策している。中央政府の目論見が成功すると在沖米軍基地は、県民の民意の承認を得ていない国際基準の民主主義原則に反する存在であるという主張が辺野古基地に関しては通らなくなる。この危機感が、新たな米軍基地建設に対する県民の強い反発を呼び起こしている。

知事の説明について、公約違反・公約違反と言われても仕方がないとの回答が72・4％にも達した。知事の支持率が、過半数を大きく割り込んで38・7％となったのも初めてのことで、不支持率は、支持しない・どちらかと言えば支持しないをあわせて53・9％に達している。12月27日の記者会見で、仲井眞氏は現在も県外移設を主張していると釈明したが、もはや知事は「話者の誠実性」を喪失している。仲井眞氏は、中央政府の許す範囲でしか、自らの主張をしないという日本への過剰同化を起こしている。この関係で興味深いのは、知事に対する不支持率を18・7ポイントも上回る72・6％が、県外移設の公約を方針転換させた中央政府・自民党の姿勢について納得できないと答えていることだ。中央政府の圧力に対する県民の忌避反応が強いことを示している。

捨て石化への危機感

2014年1月19日に行なわれる名護市長選挙で辺野古移設を推進する末松文信候補を応援するために、自民党本部は、同9日に小泉進次郎青年局長（内閣府・復興政務官）を名護に派遣した。このような対応も外部からの圧力を強める象徴的行為と見なされるので、逆効果になる。筆者が複数の政治部記者から入手した情報では、首相官邸は、「名護市長選挙は厳しい」という認識を抱いている。党本部の圧力に屈して辺野古容認に転じた沖縄県連に対する沖縄県民の風当たりは厳しい。しかし、首相官邸も自民党本部も、沖縄県連の状況は考慮の外にある。「必勝の信念を持って戦えば、必ず道が開ける」という精神主義に支配されている。まるで1945年の「沖縄決戦」

のようだ。東京の大本営は、沖縄防衛にあたる第三十二軍の敗北を前提に作戦計画を立てた。沖縄を「捨て石」にすることによって、時間稼ぎをすることが大本営の目的だった。辺野古移設に関しても、実現すれば儲けものだが、仮に沖縄が本気で抵抗し、それを跳ね返す政治的、経済的コストが高いならば、別のシナリオを考えるというのが中央政府の本音と思う。そのときに米国に対して「われわれも本気でやったがダメだった」という口実が中央政府に必要なので、このような無理をしている。自民党沖縄県連でも、「捨て石」にされることに対する危機感が高まっている。

さらに公明党沖縄県本部が、辺野古移設に反対する方針を堅持している。池田大作ＳＧＩ（創価学会インターナショナル）会長（創価学会名誉会長）は、「戦争ほど、残酷なものはない。／戦争ほど、悲惨なものはない。」で始まる小説『人間革命』を沖縄で書き始めた。

〈池田は一行とともに、再び題目を三唱した。さらに語った。／「（前略）最も悲惨な戦場となったこの沖縄を、最も幸福な社会へと転じて行くのが私たちの戦いだ」／（中略）「最も苦しんだ人が、最も幸福になる権利がある」。／この池田の信条は、一貫して変わらない。〉（「池田大作とその時代」編集委員会『民衆こそ王者　池田大作とその時代Ⅰ「人間革命の奔流」篇』潮出版社、２０１１年、40～42頁）

東京の政治的駆け引きとは別の位相で、公明党沖縄県本部は、池田氏の平和主義に忠実なのである。

（2014年1月17日号）

第6章　選挙通じた民意を無視する安倍政権

流血恐れず辺野古強行をと話す沖縄選出国会議員

２０１４年1月19日（日）に行なわれた名護市長選挙では、米海兵隊普天間飛行場の同市辺野古への移設阻止を掲げた現職の稲嶺進氏（68歳）が再選された。無所属の稲嶺氏（社民、共産、沖縄社会大衆党［革新系地域政党］、生活推薦）が、辺野古への海兵隊基地建設による経済活性化を公約に掲げた前沖縄県議会議員の末松文信氏（65歳、自民推薦）との一騎打ちを４１５５票差で制した。「終盤で末松候補が猛烈に追い上げたので、５００票差くらいで負けると思っていたが、４１５５票も差がつくことは想定していなかった」（選挙応援で名護入りした自民党幹部が某ジャーナリストに内々に述べた感想）というのが、首相官邸、自民党本部の率直な受け止めと思う。首相官邸や防衛省は、仲井眞弘多沖縄県知事が辺野古沿岸の埋め立てを承認したので、移設工事を淡々と進めていくという見解を繰り返し表明しているが、内心では事態をそう楽観視していない。

稲嶺氏は、市長権限を最大限に行使して辺野古移設計画を阻止すると表明しているので、移設計画の実現は著しく困難になった。

自民県連は分裂状態

今回、稲嶺氏が圧勝した要因は二つある。

第一は、仲井眞県政与党である公明党沖縄県本部が米海兵隊普天間飛行場の県外移設を断固堅持するという立場から、末松氏を支持せず、自主投票を貫いたからだ。公明党の支持母体である創価学会も自民党からの働きかけを拒否し、末松候補に投票せよという指示をしなかった。

第二は、沖縄を選挙基盤とする国会議員の一部と自民党沖縄県連の相当部分が消極的に抵抗したからだ。自民党沖縄県連の普天間問題に関する方針は「辺野古を含むあらゆる可能性を排除しない」ということだ。「あらゆる可能性」の中には、沖縄県外も含まれる。名護市長選挙後、國場幸之助衆議院議員は、ブログに〈選挙の後の、取材へのコメントに私は、「選挙結果を名護市民の民意として厳粛に受け止める。普天間基地の危険性の除去と固定化阻止と5年以内の運用停止実現の為、県外も含め、あらゆる選択肢と可能性を追求すべきだが、その際には、沖縄の尊厳に配慮することが不可欠である。沖縄も日本だから」と答えました〉（1月21日「こうのすけ初志貫徹ブログ」）と記している。國場氏も末松氏の総決起大会には参加したが、積極的な応援はしていない。県外移設を依然、堅持している自民党国会議員がいることの意味を過小評価してはならない。自民党沖縄県連は、辺野古移設の是非をめぐって事実上、分裂状態にある。現在は無所属であるが、沖縄自民党の重鎮で、保守、革新を超えて強い求心力をもつ翁長雄志那覇市長は、一貫して辺野古反対を主張し、首相官邸、自民党本部からの圧力を跳ね返す姿勢を示している。

もちろん、今後、中央政府が仲井眞知事に圧力をかけて機動隊を導入し、力によって辺野古移設を強行するシナリオも想定される。沖縄県警の機動隊員の大多数は沖縄人青年だ。辺野古埋め立てを阻止するピケを張る圧倒的大多数は沖縄人だ。その中には80代、90代の沖縄戦経験者も含まれる。機動隊が抗議行動をする人々を力で排除するようなことをすれば、流血の事態に至る。死者が発生する事態すら排除されない。機動隊導入を決定した瞬間に仲井眞知事は、完全に指導力を失う。沖縄県庁や沖縄県警で、不服従運動が展開される可能性すら排除されない。それにもかかわらず、首相官邸と自民党本部に、ピケを張るのは本土からの「外人部隊」で、地元の人々はほとんどいないので、機動隊を導入しても沖縄人は抵抗しないという間違った情報が入っているようだ。

「同胞殺しはしない」

筆者は母親が沖縄出身なので、沖縄人としての自己意識を持っている。沖縄戦で、日本軍に脅され、あるいは日本に過剰同化し、「スパイ狩り」の名目で同胞殺しをしてしまったことが沖縄人共同体の深い心の傷になっている。そして、「われわれは二度と同胞殺しをしない」というのが、沖縄人の共通認識になっている。沖縄にルーツを持たないが、沖縄県を選挙基盤にしている国会議員が、オフレコの場で「流血を恐れずに機動隊導入により辺野古移設を強行せよ」というような発言をしているが（そのような発言はいくらオフレコをかけても瞬時に沖縄人共同体のネットワークに流れる）、このような輩の不正確な情報に基づいて首相官邸や自民党本部が過った判断をすると、沖縄における日本からの分離気運が拡大する。沖縄で生じている事態が、国際基準で見た場合、民族問題であることを日本人は等身大で理解すべきだ。

名護市長選挙の結果について、朝日新聞社が1月25～26日に電話で全国世論調査を行なった。

〈沖縄県宜野湾市にある米軍普天間飛行場を同県名護市辺野古に移設することの賛否を尋ねたところ、「賛成」は36％、「反対」は34％と拮抗した。昨年12月中旬に行った沖縄県民調査（同）で「賛成」は22％で、「反対」は3倍の66％にのぼったのと比べると、全国と沖縄の意識の差が際立った。／（中略）沖縄の米軍基地が減らないのは、本土による沖縄への差別だという意見がある。全国調査では、こうした意見について「その通りだと思う」と答えたのは26％にとどまり、「そうは思わない」は59％にのぼった。年代が若いほど「そうは思わない」が多く、20～30代では7割を超えた。これに対し、沖縄県民調査では「その通りだ」は49％で、「そうは思わない」の44％の方が少なかっ

た。〉（1月28日『朝日新聞』デジタル）

この数字が、構造的沖縄差別を端的に物語っている。差別が構造化している場合、差別する側が自らを差別者と認識していないというのが常態だ。従って、全国調査で59％が差別ではないと回答していることは意外でない。それに対して、沖縄で差別でないと答えている人が44％もいるというのは高すぎる数字だ。差別されているという現状を認めると、惨めな思いをするとか、この問題に焦点をあてることで、より差別が強まることを懸念して「そうは思わない」と回答する人がいるからだ。このあたりの沖縄人の心情が『朝日新聞』には読み解けていないようだ。『朝日新聞』那覇総局長の谷津憲郎氏はこう述べている。

〈政府・自民党は、辺野古容認に党県連を転じさせ、末松文信氏に市長選候補を一本化。応援演説では500億円の「名護振興基金」も表明した。知事も一体になった。思惑どおりだったはずだ。／（中略）だが稲嶺氏の当選で、辺野古への移設計画がついえたとは、残念ながら私には思えない。沖縄の問題ではない。私たちの政府が、そういう政府だからである。〉（1月28日『朝日新聞デジタル』）

谷津氏の中央政府に対する認識は正しい。しかし、「政府・自民党は、辺野古容認に党県連を転じさせ」という認識は間違いだ。構造的弱者が面従腹背の闘いを展開していることが谷津氏には見えていない。それだから「辺野古への移設計画がついえたとは、残念ながら私には思えない」と沖縄の底力を過小評価した見解を『朝日新聞』の読者に伝えるのだ。

（2014年2月14日号）

マグルビー在沖米総領事と辺野古沖のボーリング調査

２０１４年８月17日午前７時25分、沖縄防衛局は、米海兵隊普天間飛行場の辺野古（沖縄県名護市）への移設に向けた海底ボーリング調査に使用するスパット台船の設置作業を開始した。午後３時頃に作業は終了し、海底を掘削するボーリング調査を本格的に始める準備が整った。辺野古沖で掘削調査のための足場を設置するのは、市民らの反対運動などで最終的に作業が中止された２００４年以来のことだ。

沖縄流の抵抗の仕方

東京の政治家や新聞記者から、「これで沖縄の人たちに辺野古移設について、諦めの気持ちが出てくるのではないでしょうか」とか、「何で沖縄はもっと激しく抵抗しないのでしょうか」とかいう質問を受ける。このような愚劣な質問をする輩とは話をしたくないのであるが、勘違いを糺《ただ》さなくてはいけないので、とりあえずこう答えている。

『諦めの気持ちが出てくる』云々という質問をあなたがする真意がよくわかりません。沖縄にとって死活的に重要な運命を決定するのは沖縄人です。母が沖縄人で父が日本人である私は、沖縄人と日本人の複合アイデンティティを持っていますが、こういうことがあると私の自己意識は沖縄人になります。日本人の理解する民主主義に付き合っていたら、沖縄は米軍基地の過重負担という構造化された差別状況からいつまでも抜け出すことができません。1879年の琉球処分によって日本に強制的に併合される以前にわれわれは琉球王国という国家を持っていました。この国家は、1854年の琉米修好条約、1855年の琉仏修好条約、1859年の琉蘭修好条約によって、当時の帝国主義列強から国際法の主体として認められていました。現在、潜在化している沖縄の主権をどう回復するかがわれわれにとっての重要な課題になります。沖縄人には沖縄流の抵抗の仕方があります。あなたは『何で沖縄はもっと激しく抵抗しないのか』と尋ねますが、流血が起きることでも望んでいるのですか。沖縄県警の警察官、沖縄防衛局の職員、また日本政府に雇われ、抗議運動の排除に協力している漁船員の多くも沖縄人です。日本政府の沖縄への干渉と差別政策によって、沖縄人同士がいがみ合わなくてはならない状況が生じている。私は、沖縄県外に住む在外沖縄人の一人として、胸が締めつけられる思いです。率直に言いましょう。『日本人は沖縄から手を引け』というのが私の現在の率直な気持ちです。ウクライナの東部、南部に住むロシア語を常用する人々は、現在、ロシア人であるかウクライナ人であるかを選択することを余儀なくされています。日本の中央政府が辺野古で行なっていることは、日本語を常用し、沖縄にルーツを持つわれわれ一人ひとりに、沖縄人であるか日本人であるかを選択せよと迫っていることとなんですよ」

こう言うと、質問した政治家や新聞記者は沈黙する。差別が構造化している場合、差別をする側にとって、沈黙は現状を維持するための最大の武器なのである。米国政府関係者の中には、沈黙という武器を用いずに、本音を率直に語る人がときどきいる。在沖縄米国総領事のアルフレッド・マグルビー氏もその一人だ。

〈アルフレッド・マグルビー在沖米総領事が（8月）12日、米軍普天間飛行場の名護市辺野古への移設に反対する署名を渡しに訪れた関係者に対し「沖縄で（基地の）反対運動する人たちはゼロか100かで、意味ある生産的な対話ができない」と発言していたことが分かった。さらに「県や名護市は国防に協力すべきだ」と述べ、辺野古移設を含む米軍再編を支援すべきだとの考えを示していた。署名を手渡したピースフィロソフィーセンター代表の乗松聡子氏が明らかにした。（中略）／在沖米総領事は取材に対し「オフレコの場での話し合いについてはコメントしない」としている。／乗松氏らは1月、辺野古移設計画に反対する世界的に著名な文化人・有識者らによる声明を発表。声明に賛同した1万5千人の署名を12日、マグルビー総領事に手渡した。マグルビー氏の発言は、12日に沖縄国際大で開催されたシンポジウムで乗松氏が報告した。／シンポジウムの後、乗松氏は本紙にマグルビー氏とのやり取りの一部始終を説明。マグルビー氏の

「沖縄の人とは意義ある対話ができない」との発言に対し、乗松氏が「沖縄の人たちは全ての基地を明日撤去しろと言ってるわけではない。普天間基地の閉鎖をまず求めているだけで、ゼロか100かとは言えない。そのわずかな要求すら通っていないのが現状だ」と反論したという。乗松氏によると、マグルビー氏は「オスプレイは過度に悪者扱いされている」「沖縄の2紙は基地の悪い部分ばかり報道していい面は報道しない」などと指摘した。面会は午前9時45分から1時間ほど行われたという。〉(8月13日『琉球新報』1面)

沖縄人に対する侮辱

〈(8月12日に)マグルビー氏が沖縄の基地について「日本という国家が決めたことだから沖縄はその通りに従わなければならない」と発言していたことが13日、分かった。マグルビー氏と面談したジョセフ・ガーソン氏(アメリカフレンズ奉任委員会)が、発言を聞きながら書き取ったメモを基に証言した。/ガーソン氏によると、マグルビー氏は反対運動に参加する人々について「理性に欠ける(not rational)」と表現。県民の多くが新基地建設に反対する中、沖縄に在住する米国の代表として資質も問われそうだ。〉(8月14日『琉球新報』1面)

マグルビー発言は、11月16日に行なわれる沖縄県知事選挙に無視できない影響を与えると思う。それは、知事選挙に立候補すると見られている翁長雄志那覇市長が、辺野古の新基地建設に強く反対しているからだ。マグルビー氏の主張に従えば、翁長市長は「理性に欠ける」ことになる。これは翁長市長だけでなく、沖縄県民、さらに県外に住む在外沖縄人に対する侮辱だ。マグルビー発言に対して、14日、ブラジル出張中の翁長市長が適切な反撃をした。

〈アルフレッド・マグルビー在沖米総領事が「沖縄で（基地の）反対運動する人たちはゼロか100かで、意味ある生産的な対話ができない」と発言したことについて翁長雄志那覇市長は14日、訪問先のブラジルで本紙の取材に「その言葉をそっくりそのままお返しする。総領事の方がそういった傾向がある」と述べ、批判した。翁長氏は、マグルビー氏が2012年の総領事就任時に普天間飛行場の危険性を否定した発言にも触れ「以前もこういった発言があった。危惧していた本音が出てきた」と強調した。〉（8月15日『琉球新報』社会面）

日本の陸地面積の0・6％を占めるに過ぎない沖縄県に在日米軍基地の73・8％が所在する沖縄に対する構造的差別という視点がマグルビー氏には欠如している。圧倒的大多数の東京の政治エリート（国会議員、官僚）と全国紙記者も、マグルビー氏と同じ視座に立っている。今後、沖縄人は主権確立を加速することで差別の脱構築を志向することになると思う。

（2014年8月22日号）

テコ入れ効かず、名護市議選で反対派が過半数を維持

2014年9月7日に投開票が行なわれた沖縄県名護市議会選挙（定数27）では、米海兵隊普天間飛行場の名護市辺野古への移設に反対する稲嶺進市長を支持する与党が14議席を占め、過半数を維持した。与党には加わっていないものの、辺野古移設に反対する公明も2議席を獲得した。辺野古移設を容認する野党は、11議席にとどまった。

改選前の議席は、与党15、公明2、野党10だった。与党が1減、野党が1増であるが、中央政府、自民党、沖縄県幹部が野党に対して徹底的な梃子入れをしたにもかかわらず、与野党逆転が出来なかったことは、安倍晋三政権にとって大きな痛手だ。

民意無視の首相官邸

8日、『朝日新聞デジタル』は、〈同市辺野古沿岸で移設に向けた海底ボーリング調査が8月に始まった直後の選挙だが、市民の意見が割れていることから移設問題への言及を避ける候補が多

く、移設をめぐる論戦は低調だった〉という見方を示すが、ピントがずれている。名護市民の間で、移設、すなわち辺野古を埋め立てて新基地を建設する問題は、依然、最も関心の高い事項である。中央政府による資金提供、分断工作によって、名護市民は痛めつけられてきた。新基地建設問題を争点とすれば、この問題に関心を持つ本土のさまざまな政治勢力が名護に入ってきて、自らの利害関心に基づく政治ゲームを展開する。その結果、名護と沖縄の分断が一層強まる。日本人の利害関心によって沖縄人が分断されることを望まない故に〈移設問題への言及を避ける候補が多く、移設をめぐる論戦は低調だった〉のである。このあたりの沖縄人の心理がわからないところに、沖縄に対する構造化された差別の枠組みの中でしか思考することができない『朝日新聞』記者の限界が表れている。

安倍政権は、名護市議選で与野党が逆転したならば、「直近の民意は辺野古移設容認だ」というプロパガンダを展開し、現在の埋め立て工事を加速したであろう。今回の結果を見て、首相官邸も自民党本部も、沖縄の民意を尊重していたら、新基地建設はできないので、力で押し切ることを考えるであろう。既に菅義偉官房長官はそのような認識を表明している。

8月23・24日、琉球新報と沖縄テレビ放送（ＯＴＶ）が合同で世論調査を行なった。26日『琉球新報』が報じた結果は概略次の通りだ。

〈1　（沖縄県名護市辺野古沖の）ボーリング調査を始めた。今後の移設作業についてどう思うか。

①そのまま進めるべきだ　19・8％
②移設作業は中止すべきだ　80・2％

2　ボーリング調査を始めた安倍政権の姿勢を支持するか。

①大いに支持する　4・3％
②どちらかといえば支持する　14・3％
③どちらかと言えば支持しない　26・6％
④全く支持しない　54・9％〉

ボーリング調査を安倍政権が強行したことに対する沖縄県民の反発はきわめて強い。安倍政権の姿勢に対する支持率はわずか18・6％、不支持は81・5％だ。「普天間返還・移設問題をどう解決すべきか」という設問に対しては、辺野古移設に賛成する声はわずか10・0％だった。沖縄世論の構造的転換が起きている。しかし、目が曇った日本人政治エリート（国会議員、官僚）には、この明々白々な事実が見えないようだ。

〈菅義偉官房長官は26日の会見で、琉球新報・沖縄テレビ合同世論調査で、米軍普天間飛行場の移設先とされる名護市辺野古での移設作業を「中止すべきだ」とする回答が80・2％、工事を強行した安倍政権への不支持が81・5％に達したことに、「政府の方針として（工事を）粛々と進める」

と述べ、県民の反対が強い中でも「(影響は) 全くない」と答えた。
県民の強い反対が11月の県知事選に与える影響については「政府は法治国家であり、仲井真(弘多) 知事の承認をいただいた。沖縄のみなさんの、普天間の危険除去への強い訴えや抑止力などの中で18年前に決着した」と述べ、着工は決定事項であり、知事選への影響はないとした。〉(8月26日『琉球新報』電子版)

典型的な分断統治策

菅氏の認識は、「安全保障と外交は中央政府の専管事項だ。中央政府が決めたことについて、沖縄はつべこべ言わず、従え」という認識に基づいている。つまり、日本の陸地面積の0・6%を占める沖縄県に在日米軍基地の73・8%が所在するという状況も「これでいいのだ」と中央政府が決めた以上、沖縄人と沖縄県は、おとなしく従えということだ。こういう日本人の常識に付き合っている限り、沖縄は構造的に差別された状況から永遠に抜け出すことが出来ない。日本人の政治家の良識に期待しても無駄だ。なぜなら、その良識は身内である日本人内部にしか適用されず、外部である沖縄人には適用されないからだ。

本稿で、筆者は、あえて「沖縄人」対「日本人」という分節化を行なった。「沖縄の人」「沖縄県民」対「本土の人」という分節化では表現できない。民族問題として認識しなくては、辺野古の新基地建設問題になぜ沖縄が本気で異議申し立てをするかが、日本語を常用する読者にわからないからと筆者は考える。人間は誰もが複合アイデンティティーを持っている。筆者の母は沖縄人で、父は日本人だ。それだから、筆者にも日本系沖縄人あるいは沖縄系日本人という複合アイデンティティーがある。ロシア問題、中東問題、あるいは読書術などについて書き、論じるときには、この複合アイデンティティーを意識しない。しかし、辺野古の新基地建設問題がテーマになると筆者の中にある沖縄人としてのアイデンティティーが前面に出てくる。

　日本のリベラル派、左翼の間に、「沖縄の抵抗は生温《なまぬる》い」「沖縄の人たちは辺野古の新基地建設について諦めてしまっているのではないか」という不満がある。沖縄の現実を理解しないから、このような不満が出てくる。辺野古の警備にあたるガードマン、漁船員、沖縄県警の警察官、沖縄防衛局の地元採用職員のほとんどは沖縄人だ。日本人は奥に引っ込んでいて、新基地建設に反対する沖縄人と対峙する場に姿を見せない。沖縄人によって沖縄人を鎮圧するという手法は植民地主義者の典型的な分断統治だ。沖縄戦でわれわれは、日本軍の強制により、あるいは日本に過剰同化したために「同胞殺し」に手を染めてしまった。このような悲劇を沖縄人は二度と繰り返さないと心に誓い、それを実践している。

　沖縄人が諦念から辺野古の新基地建設を容認することなどありえない。沖縄には沖縄流の闘いがある。それをわからずに辺野古移設を強行しようとする日本人も、日本流の闘争を沖縄に押し付ける日本人活動家も、沖縄の味方ではない。沖縄人は、こういう日本人たちが沖縄の味方でないことは十分認識しつつも、生活を維持するため、また、政治闘争を沖縄側に有利に展開するために戦術的対応をしているにすぎない。

（2014年9月12日号）

知事選の結果を左右する沖縄人アイデンティティー

２０１４年11月16日に投開票が行なわれる沖縄県知事選挙には、翁長雄志（前那覇市長）、仲井眞弘多（現職）、下地幹郎（前衆議院議員）、喜納昌吉（元参議院議員）の４人が立候補している。ここにあげた順番で票を獲得するというのが世論調査、政治部記者や永田町関係者の見方だ。筆者も同じ意見だ。

地方主権と公明党

今回の選挙で、鍵を握るのは、公明党とその支持母体である創価学会の動向だ。10月21日、公明党沖縄県本部と東京の公明党本部は、沖縄県知事選挙を自主投票にすると決定した。〈国会内で会見した党本部の斉藤鉄夫選対委員長は「普天間移設問題で県本と見解が異なる部分があり、（仲井真弘多知事の）推薦や支持は困難だと判断した」と説明した〉（10月22日『琉球新報』）。これで知事選挙に関しては、自公体制の枠組みが崩れた。〈県本は仲井真弘多知事が昨年末に辺野古沖の埋め立てを承認する前、プロジェクトチームの議論を重ね県外移設の主張を論理的に補強し、知事に不承認を提言した。2カ月の議論で出した結論は自らにくさびを打つ意味もあり、仲井真氏が埋め立て承認を判断した時点で知事選は自主投票に向かっていたといえる〉（前掲『琉球新報』）。さらに、〈公明県本幹部は「自主投票の流れの起点は、仲井真氏が出馬表明した8月7日」〉（10月21日『沖縄タイムス』）という情報を流した。

今回、公明党は、東京の政局と異なる基準で知事選挙に対処している。米海兵隊普天間飛行場を県外に出す、辺野古に海兵隊の新基地は造らせないという2点を公明党は沖縄の民意と認識している。この2点を外したら、公明党は沖縄でレゾンデートル（存在根拠）を失うと考えている。この認識は正しい。どの全国政党も地方分権や地方主権という言葉を口にする。しかし、在沖米軍基地問題で、沖縄の党組織が、東京の中央本部と異なる見解を主張した場合、力によって沖縄をねじ伏せるというのが、これまでの全国政党の対応だった。しかし、公明党はそのような態度を取らなかった。「草の根民主主義の開花と地方主権の確立」という公明党綱領が、ほんものであることを示している。

もう一点、公明党で興味深いのは、「積極的自主投票」の姿勢を取っていることだ。自主投票には二つの種類がある。一つは、自党が推す候補者がいないので、選挙については、棄権もしくは白票を投じてもいいという態度で臨む「消極的自主投票」だ。これに対して、政党の中央本部との見解の一致が得られずに、自主投票という立場を取ることになったが、当該政党を支持する地域の人々には、明確な見解と意志がある、それだから、選挙を棄権したり、白票を投じたりすることなく、自分の考えと近い候補者に投票する「積極的自主投票」は、当該政党を支持する有権者の判断停止を意味するものではない。

官邸の右派勢力動員

首相官邸は、自民党が推薦する仲井眞候補の当選は難しいと見ている。そこで、排外主義的分子を含む右派勢力を動員するとともに経済界に対する締め付けを強め、保守勢力の岩盤を固めようとしている。さらに、県民投票によって辺野古基地建設の是非を決定するという「中立派」という表象で、翁長票を1票でも多く奪うことを下地候補に期待している。米海兵隊普天間基地の移設問題は、沖縄の将来にとって死活的に重要だ。この基地を県内に置き続けるか、県外に出すかは、日本の陸地面積の0・6％を占めるにすぎない沖縄県に73・8％の米軍基地が所在するという構造化された沖縄差別を維持・拡大するか、脱構築するかという問題でもある。翁長候補が広範な支持を集めているのは、沖縄に対する構造的差別の脱構築を政治綱領の中心に据えているからだ。下地氏の「県民投票」の主張は、一見、民意を尊重しているように見えるが、実際はその対極にある東京の権力者の動向を窺《うかが》う日和見主義だ。米海兵隊普天間基地問題において、下地氏は過去に嘉手納統合を主張し、民主党政権下、閣僚をつとめていた時期には辺野古賛成を表明した経緯がある。県民投票で、辺野古移設が否定されても中央政府が基地建設を強行する場合は、沖縄独立の県民投票を行なうという「独立カード」まで切っている。話者の誠実性を欠くこのような人物が公約を守るとは思えない。

首相官邸は、仲井眞、下地両候補の得票数が翁長候補を上回れば、「沖縄の民意は辺野古の新基地に反対しているわけではない」との強引な解釈を行ない、流血が生じてでも、基地建設の強行を考えているのであろう。沖縄人の血が流れることに何の痛みも感じないのが東京の政治エリート（国会議員、官僚）の現実で、この勢力を利する行動をしているのが、仲井眞、下地両候補だ。

なお、喜納候補は独自の闘いを展開している。喜納候補が獲得する票も同氏が立候補していなかったならば、翁長氏に流れることになった。

翁長氏が当選した後、保革相乗りのため脆弱な基盤が崩れ、権力基盤が弱体化した新知事が中央政府の圧力に屈して辺野古容認に方針転換するのではないかという見方をする人が東京の保守派、リベラル派の双方にいるが、そのようなことはないと筆者は見ている。主たる根拠が二つある。

第一は、翁長雄志氏の価値観、世界観、人生観だ。沖縄人は、誰であれ、沖縄人と日本人の複合アイデンティティーを持っている。この複合アイデンティティーを大雑把に類型化すると四つになる。

①自己の沖縄人性を否定する完全な日本人

②沖縄系日本人
③日本系沖縄人
④自己の日本人性を完全に否定した独自民族としての琉球人（沖縄人）

沖縄人は、日常的には自らが沖縄人か日本人かという問題について考えずに生活することができる。しかし、辺野古の青い海を埋め立てて新基地建設を東京の中央政府が強行しようとするような事態に直面すると、自らの軸足が沖縄人であるか日本人であるかを決めることを余儀なくされる。多くの沖縄人（現在沖縄県に在住する人のみならず、県外の日本各地、国外に在住する人を含む。そこには、両親の一方、祖父母の誰か一人が沖縄にルーツをもち、沖縄人としてのアイデンティティーを持っている人も含まれる）は、漠然と沖縄系日本人という意識を持っていた。

仲井眞氏の場合は、去年12月の辺野古埋め立て承認以後、急速に日本人への同化に傾いた。翁長氏を含む多くの沖縄人は「このまま中央政府の言いなりになっていたら、沖縄の名誉と尊厳が毀損される。沖縄のアイデンティティーを擁護するために闘わないといけない」という認識を強化し、自己意識が沖縄系日本人から日本系沖縄人に変容している（筆者もその一人である）。沖縄人としてのアイデンティティーが確立している人はどのような逆境でもぶれない。

第二は、積極的自主投票を行なった公明党が事実上の県政与党となって新知事を支えるからだ。

（２０１４年11月14日号）

沖縄2紙の論争で考える記者の良心と取材手法

公権力とマスメディアの関係をめぐって『沖縄タイムス』と『琉球新報』の間で重要な論争が展開されている。きっかけは『琉球新報』記者が取材現場にＩＣレコーダーを忘れるというミスだった。

〈琉球新報の記者が2日夜にあった知事ら県幹部による慰労会を無断で録音したとして、県は3日、新報社に口頭で抗議を申し入れた。県は「盗聴まがいで、記者のモラルを問題視している」と話した。新報社は「ＩＣレコーダー（録音機）を置き忘れた。隠しどりの意図は全くなかった」と説明している。／非公開の慰労会は那覇市内のホテルで午後6時から約2時間半開かれ、仲井真弘多知事や副知事、全部局長ら約20人が出席した。県と新報社によると、記者は入り口付近で発言内容を聞こうとしていたが県職員に制止されてその場を去り、スイッチが入った状態のＩＣレコーダーが入り口付近の床に残った。／県職員がレコーダーを発見し、再生すると会合の会話が録音されていた。別の録音には新報の記者の声もあり、持ち主が分かったという。県は「非公開の会合であり、階下に降りるよう何度も伝えていた」と話した。／新報社は「軽率かつ疑念を招きかねない行為で記者に厳重注意した。一方、ＩＣレコーダーの返却に応じてもらえない点は県の認識を確認したい」と述べた。〉（２０１４年12月４日『沖縄タイムス』）

匿名の批判コメント

この『沖縄タイムス』の記事には、深刻な問題がある。まず、匿名の沖縄県職員が「盗聴まがいで、記者のモラルを問題視している」と述べたことを紹介している。盗聴は犯罪だ。『琉球新報』の記者が犯罪まがいの行動をしていたという公権力者の見解を紹介する以上、『沖縄タイムス』としてもこの県職員の発言に真実相当性があると考えていることになる。そもそも知事ら県幹部による慰労会は、私的会合でなく公的性格を帯びている。国民の知る権利に奉仕するのが新聞を含むマスメディアの仕事だ。あらゆる手法を駆使して、情報を入手しようとするのが記者の職業的良心に基づいた行動だ。そもそも沖縄県が「非公式の会合だ」と主張しても、それはあくまでも公権力の論理で、マスメディアがそれを追認する必要はない。

さらに沖縄県が『琉球新報』記者の所有するＩＣレコーダーを事実上押収したことも大問題だ。ＩＣレコーダーの所有者が明確になっている以上、沖縄県がＩＣレコーダーを所持し続ける法令上の根拠はなかったはずだ。当然のことながら、琉球新報社は、沖縄タイムス社の報道姿勢を厳しく批判した。

〈知事の慰労会に対する本紙記者の取材活動を「無断録音」と断定した沖縄タイムス社の4日付記事に関し、琉球新報社は同日、文書で「意図的な無断録音とする根拠は薄弱だ」と抗議し、訂正を求めた。タイムス社は、「バランスを欠くものとは考えていない」などと答え、訂正には応じなかった。／タイムス社は報道に関し、「『盗聴まがいで、記者のモラルを問題視している』と判断した沖縄県当局が貴紙に対し、口頭で抗議した事実を報じた」とし、県の認識に依拠して無断録音と断定したと説明。「貴紙の『ICレコーダーを置き忘れた。隠し録りの意図は全くなかった』との主張を取り入れている」「『無断録音』の見出しについても、脇見出しで『過失と説明』と貴紙の主張を取り上げている」とした。〉（12月5日『琉球新報』）

さらに琉球新報社は、隠し録音の意図がなかったという見解を発表した。

〈隠し録音意図なし／琉球新報社の見解
2日夜、那覇市内のホテルで開かれた知事の慰労会を取材した本紙記者が、録音中のICレコーダーを置き忘れる事態が起きました。本紙記者には隠し録音の意図はありませんでした。／慰労会は知事、副知事や部局長が参加した公的色彩を帯びた会合で通常の取材対象と判断しました。会場は入り口のドアが開き、出席者の発言が取材できました。入り口の反対側の廊下で取材していた記者は念のためICレコーダーを足元に置き、録音しました。発言内容を正確に記録するため、日常的に録音は行われています。県側から許可を得る性格の取材でもないと考えています。／記者は10分足らずで県側から1階に降りるよう促されたため、移動した際にICレコーダーを置き忘れました。人目に付きやすい場所にあり、隠す意図はありませんでした。／しかし、作動状態の録音機を取材現場に置き忘れたことは軽率かつ疑念を招きかねない行為です。記者に厳しく注意するとともに編集局内で再発防止の徹底を確認しました。〉（前掲『琉球新報』）

情報は県民のもの

本件に関して、論点を整理してみよう。

①12月2日、仲井眞弘多知事を含む沖縄県幹部の会合があった。県側は非公式の会合と述べているが、マスメディアからすれば、純粋な私的会合ではなく、公的な性格を帯びた会合であった。仲井眞知事は11月16日の知事選挙で敗北したにもかかわらず、米海兵隊普天間基地の辺野古移設に伴う新基地建設に向け、沖縄防衛局が提出中の工法変更申請を承認するのではないかと見られていた（12月5日に2件を承認）。そのような状況で、沖縄県民は仲井眞知事と県幹部の動静に強い関心を持っていた。

②会場は不特定多数の人々が出入りできるホテルだった。情報漏れを防ぐことを考える場合、このような場所で会合は行なわない。

③県職員が、記者に階下に降りることを要求し、記者たちはそれに応じた。

④会場入り口の廊下にスイッチが入ったままのＩＣレコーダーがあった。

⑤県職員がＩＣレコーダーを発見し、録音を聞き、『琉球新報』記者の所有物であると認識した。

⑥県は、『琉球新報』記者が無断録音をしたと主張した。琉球新報社は、記者はＩＣレコーダーを置き忘れたに過ぎず、無断録音をする意図はなかったと主張した。

⑦沖縄タイムス社は、県の主張に基づき、『琉球新報』記者による「慰労会を無断で録音」という記事を書き、その中で、匿名の県職員の「盗聴まがいで、記者のモラルを問題視している」という話と琉球新報社は「ＩＣレコーダー（録音機）を置き忘れた。隠し録りの意図は全くなかった」とするコメントを併せて紹介した。

筆者は、『琉球新報』に連載コラムを持っている。また、年に数回『沖縄タイムス』にも寄稿やコメントをすることもある。今回の沖縄２紙の論争に関して、筆者は琉球新報社が正しいと考える。４日付『沖縄タイムス』の記事は、客観報道の体裁を取っているが、公権力に好意的な客観報道だ。沖縄県の持つ情報は、すべて県民のものである。それを公表することによって、結果として、県民の利益に反する恐れのあるものだけが秘匿できるという原則に立たなければ、公権力はできる限り情報から記者を遠ざけようとする。沖縄タイムス社の報道姿勢は、県が認めたルールの中でしか取材が出来ないという枠組みを強化する効果をもたらす。

（2014年12月12日号）

第7章 「オール沖縄」で活動する翁長知事

米国務省系の米専門家を駐在員に選んだ翁長雄志知事

２０１４年末、翁長雄志沖縄県知事が東京を訪問した際に面会は山口俊一沖縄・北方担当相にとどまり、安倍晋三首相や菅義偉官房長官は知事と会わなかった。翁長知事を冷遇しているのは首相官邸だけではない。政府だけではない。１月６日から東京に滞在していた翁長知事はサトウキビ関連の交付金について要請するため、西川公也農林水産相との面会を求めたが、農水省が断った。政府、自民党は翁長知事を目に見える形で冷遇している。この状況について、沖縄県民も沖縄の新聞も強い関心を示している。

〈自民党は昨年、衆院選の県内小選挙区をはじめ名護市長選、県知事選など辺野古移設が争点となった主要選挙でことごとく敗れた。翁長知事に強い姿勢を示す背景には、今後実施される首長選や参院選、県議選を見据え、業界団体に政府・与党の〝力〟を誇示する意味合いが透けて見える〉（『琉球新報』１月７日）と指摘する。筆者もこの見方に同意する。

どうも東京の政治エリート（国会議員・官僚）には、民主主義のゲームのルールが理解できていないようだ。前年11月16日の沖縄県知事選挙で、有権者の直接投票によって翁長氏が知事に選ばれたことが持つ意味は大きい。翁長氏は沖縄の民意を人格的に体現する存在である。東京の首相官邸や府省、自民本部が翁長氏を冷遇するということは、沖縄県民を冷遇するということである。

冷遇が団結を強化

東京の中央政府は、「沖縄振興予算を減額するゾ」と恫喝をかけているが、日本の予算は良い意味でも悪い意味でも官僚による積み重ね方式になっている。政治主導で予算を5割カットするなどということはできない。それによって国が進めようとしていた事業が出来なくなってしまうからだ。

政府が沖縄振興予算を減額しても最大限1割だ。それで沖縄がふにゃふにゃになって辺野古の新基地建設を受け入れると勘違いしている。沖縄は圧力に対して屈することはない。安倍政権の沖縄に対する冷遇と強圧的姿勢は、沖縄人の団結を強化する効果をもたらしている。

このような状況で翁長知事は賢明な対応をとっている。まず1月8日の全国知事会議で沖縄の現状についてこう述べた。

〈「日米安全保障体制の必要性は重々承知しているが、戦後69年間、国土の0・6％の面積の沖縄に74％の米軍専用施設があることは、やはり理不尽だ」。8日、全国知事会議に初めて出席した翁長雄志知事のあいさつは基地問題の一点に絞られ、過重負担解消に向けて協力を求めた。

翁長氏は普天間飛行場の移設問題が争点だった昨年の県知事選に触れ「美しい大浦湾を埋めての新基地建設はやめてもらいたいと訴え、当選した」と紹介。辺野古移設に反対する自身の立場を強調した。

県民総所得に占める基地関連収入の割合（引用者註＊現在約5％）が減少し続け、基地返還後の跡地活用で雇用や税収が拡大している現実にも理解を求めた。〉（『琉球新報』1月9日）

翁長知事は、年内に訪米するが、そのときにホワイトハウス、国防総省、国務省関係者にも全国知事会で話したのと同じ内容をもう少していねいに説明するのであろう。米国は、日本政府が「海兵隊には、是非来ていただきたいです。反対運動はたいしたことはありません。金さえ撒けば沖縄は静かになります」と説明しているので「それならば使わせていただこうか」というような軽い気持ちで辺野古新基地の問題を考えている。沖縄の民意が本気で新基地建設に反対し、東京の中央政府による強権的な政策が沖縄差別に基づいているという認識を抱けば、辺野古から手を引く。

米国にとって重要なのは、米軍基地が住民の敵意に囲まれないような環境を作ることだ。訪米の機会を利用して翁長知事がニューヨークの国連総会第三委員会（人権）で在沖米軍基地をめぐる構造的差別が沖縄に存在することを訴えると、沖縄の状況に関する国際的関心が高まる。

常設代表部の設置を

翁長知事は、沖縄が米国と直接交渉を行なうことが、普天間問題、辺野古問題の解決のために不可欠と考えている。

〈米政府内に独自人脈　米駐在員に平安山氏　辺野古阻止　打開へ

翁長雄志知事は、ワシントン駐在員に平安山英雄氏（66）を充てる人事案を固めた。在沖米総領事館で30年間勤めた経験があり、米政府内に独自の人脈を持つ。「米軍普天間飛行場の名護市辺野古移設反対」は公約の目玉とも言え、沖縄の声を米国で直接訴えることで、米政府に移設断念を迫るなど、有効な打開策を見いだす考えだ。

平安山氏は１９８５年4月に在沖米総領事館に採用された。身分は日本の外務省に当たる米国務省の職員で、２０１４年9月まで勤務した。翁長県政の与党県議の中には「辺野古移設は日米両政府が一緒に進めている。辺野古反対で交渉するのに、国務省の元職員で大丈夫か」と疑問視する意見もあった。

平安山氏は「総領事館での役割は県民の声を米国へ届けることだった」と立場の違いはあるが、これまでの考え方や見方と大きな違いはない、とみている。

ロビー活動が象徴するように、米国では議会や政府への要請、交渉には互いの信頼関係が不可欠。総領事館や大使館の勤務経験者の多くはワシントンに戻っており、翁長氏は平安山氏の培った人脈に期待する。

「物腰が柔らかく、ジェントルマン」というのが平安山氏の周囲の評価だ。与党の玉城義和県議と同郷の同級生、安慶田光男副知事とは琉球大学の同期生という間柄で、知事周辺とも気脈を通じる。

ワシントンに事務所を置く場合、県条例改正が必要で、翁長知事は駐在員の新設に伴う予算案とともに、条例案も県議会に提出することになる。〉（『沖縄タイムス』1月8日）

沖縄が、外交権の確立に一歩踏み込んでいくということである。翁長知事が、日本外務省系列の人ではなく、米国務省系列のアメリカ専門家に白羽の矢を立てた点が興味深い。平安山氏の方が沖縄にとって重要な米国人脈を持っているという翁長知事の判断がしめされている（ちなみに平安山氏は日本国籍保持者である）。興味深いのは、これほど重要なニュースを東京のマスメディアが黙殺していることだ。沖縄と東京では、政治エリートの意識だけでなく、マスメディアの認識も大きく変化している。沖縄と東京の新聞は、同じ日本語を用いているが、別個の情報空間を形成していると考えた方がいい。
現在の沖縄県には、対外関係を統括する部局が存在しない。知事公室の下に対外関係部を組織するのも一案かもしれない。平安山氏を在ワシントン、在ニューヨーク沖縄県常設代表に任命する。そしてワシントンに沖縄県常設代表部を設置する。そこで勤務する沖縄県の職員には、外交官に相当する参事官、一等書記官、二等書記官などの官職を与え、暗号のかかる通信設備を設置すべきだ。

（2015年1月16日号）

山城博治議長の私人逮捕は日本への深刻な主権侵害だ

沖縄以外の日本では、大きく報じられなかった二つの事件が、沖縄と日本の情報空間が質的に異なっていることを示している。

沖縄差別への無関心

2015年2月22日、沖縄県名護市の米軍基地キャンプ・シュワブ前で、沖縄平和運動センターの山城博治議長と男性一人が基地内に正当な理由なく侵入したとして、日米地位協定の実施に伴う刑事特別法違反容疑で逮捕された。注目されるのは、米軍に雇われた日本人警備員による私人逮捕が行なわれたことだ。参議院沖縄北方特別委員会が同24日に視察でシュワブを訪れた際、民主党の藤田幸久議員が〈「拘束は警備員の意思か」と尋ねたところ、シュワブの幹部が「上からの指示で動いた。何回か警告したが、基地に入ってきたからだ」と答えたという〉（同26日『朝日新聞』デジタル）。米軍幹部の発言からすると、日本人警備員は、米軍から警備を委任されているだけではなく、米軍の傭兵として、米軍の指揮命令系統に従って日本人を拘束した。現行犯、準現行犯については、司法警察職員に限らず、誰でも逮捕することが認められている（刑事訴訟法第２１３条）。現場には、約30人の警官がいた。それにもかかわらず、警備員は山城氏らを警察官には引き渡さず、基地内に連行した。『琉球新報』は、同24日の社説で米軍の対応を厳しく批判してこう書いた。

〈しかし警備員は警察官のいる方向とは逆の基地内に山城議長らを引きずり込んだ。後ろ手に手錠を掛け、基地内の建物に入れてから手錠を解いたようだが、その後約４時間も拘束を続けている。刑事特別法を逸脱した人権弾圧だ。／米施政権下の１９５７年の伊江島で、強制接収された射爆場内に入ったとして、住民５人が逮捕される事件があった。米兵が境界線を示す木製看板を５人の後ろにそっと置き、無断立ち入りで逮捕するという不当逮捕事件が起きている。今回の事件と何が違うというのか。／復帰前の米統治下で繰り返された米軍による人権蹂躙の記憶を呼び起こす事態だ。暗黒社会に逆戻りさせてはいけない。山城議長らは23日夜に釈放された。本来ならば逮捕、送検するべきではなかった。辺野古への基地建設に反対する意思表示は県民の民意だ。米軍は抗議行動をする市民に指一本でも触れることは許されない。〉

この事件で、米軍が未だ占領者であるという意識を持っていることが可視化された。この事件は日本の主権侵害という点でも深刻だ。那覇地検が、山城氏らを釈放したことの背景には、「日本は独立国である。米軍による私人逮捕は行きすぎだ」という検察官僚の苛立ちが反映していると思う。

今回の事件で、沖縄県民と沖縄県外の日本、外国に居住する在外沖縄人（筆者もその一人である）の対米感情は悪化した。このような事件が2、3回、繰り返されれば、辺野古新基地に対する反対闘争は反米的性格を帯びて来るであろう。もっとも沖縄で活動する米国の情報将校や総領事館員は、米軍基地が沖縄県民の敵意で囲まれるような事態は、米国の国益を毀損すると理解しているので、今後、傭兵を用いた私人逮捕について慎重になると思う。

沖縄以外の日本にも米軍基地はある。そこで、日本の警察官の前で私人逮捕が行なわれ、米軍が被拘束者を4時間も警察に引き渡さないような事件が発生した場合、政治家やマスメディアはどのような反応をするであろうか。恐らく「日本の主権が侵害された」と激しく反発すると思う。なぜ反発するのだろうか。日本の名誉と尊厳が毀損されたと考えるからだ。それでは、日本人の圧倒的大多数が、沖縄で起きた私人逮捕について、なぜ反発しないのだろうか。東京の政治エリート（国会議員、官僚）、全国紙記者の集合的無意識の問題なのであろうが、沖縄人を同胞と見なしていないからだ。それだから、辺野古新基地をめぐって起きている沖縄人に対する差別と抑圧に対して、無関心でいられるのである。そればかりか、沖縄はカネが目的で辺野古反対闘争を行なっているという類の差別言説が書籍となり、ビジネスとして成立しているのだ。この種の本に対して、沖縄の政治家、マスメディア関係者、有識者も、「徹底的に無視する」という対応を取っている。差別を食い物にする輩の土俵に乗ると、事実上のパブリシティー（宣伝）になり、奴らのビジネスに貢献する。その必要はないと沖縄人エリートが考えているからだ。賢明な対応と思う。

琉球処分は失敗した

沖縄には沖縄流の闘い方がある。

3月5日の『東京新聞』朝刊、左下に興味深い囲み記事が掲載された。

〈沖縄国家公務員労組は四日、米軍普天間飛行場（沖縄県宜野湾市）の名護市辺野古移設をめぐり、移設予定地に隣接する米軍キャンプ・シュワブのゲート付近に反対派市民が設営したテントの撤去に向けた業務は職員に苦痛を与えるとして、関わらせないよう内閣府沖縄総合事務局に申し入れた。／労組が事務局に提出した申し入れ書によると、撤去に向けた反対派への監視活動は「県民と敵対し精神的にも肉体的にも耐えがたい苦痛だ」と指摘、テント撤去が目的の業務に職員を動員しないよう求めた。労組によると、対応した事務局幹部は「国道の不法占用を正常化するための業務だ」と説明したとしている。〉

写真付きなので、多くの読者がこの記事を読んだと思う。調べてみると、これは共同通信の配信記事だった。

この記事を書いた共同通信の記者は、辺野古新基地建設がはらんでいる構造的問題をよく理解している。辺野古で警備を行なっている沖縄県警の警察官、沖縄防衛局に雇われているガードマンの多くは沖縄人青年だ。反対派と対峙する現場に日本人の高級官僚や政治家は出てこない。こういう手法は、典型的な植民地における分断統治だ。沖縄人を沖縄人と敵対するような行動に駆り出すことに、国家公務員労組が異議申し立てをしたという出来事は、沖縄に対する構造的差別を脱構築しようとする現実的な動きだ。

民主国家は、国民を代表するという前提で成り立っている。しかし、辺野古の新基地建設に関して、東京の中央政府は、沖縄県民並びに沖縄県以外の日本に居住する沖縄人の意思を代表していない。中央政府に雇用されている国家公務員は日本国家のために仕事をする。現在、国家公務員としての職務遂行が沖縄人の良心に反するという危機的状況が発生している。沖縄国家公務員労組は、「県民と敵対し精神的にも肉体的にも耐えがたい苦痛」をもたらす作業に限定して、沖縄人職員を外せという緊急避難を要求している。沖縄人として、正当かつ当然な要求だ。沖縄国家公務員労組は、労働組合として、やるべき要求をしっかり行なっている。

沖縄における廃藩置県（琉球処分）が失敗した。東京の政治エリート、全国紙記者、有識者がこの現実を認識しない限り、沖縄と日本の情報空間はますます乖離していく。沖縄人は、これまで沖縄人性を失ったことはない。これからも失わない。沖縄にとって、死活的に重要な事柄は、いかなる対価を支払っても沖縄人自身が決定する。

（2015年3月13日号）

菅義偉氏は、自治は神話だと言ったキャラウェイに重なる

２０１５年４月５日、那覇市内のホテルで沖縄県の翁長雄志知事が菅義偉官房長官と会見した。６日、『琉球新報』は、一面トップで、〈「キャラウェイ重なる」／知事、弁務官例え批判　菅官房長官と初会談〉との見出しをつけて、こう報じた。

〈米軍普天間飛行場移設問題に関し、菅氏は「辺野古移設を断念することは普天間の固定化にもつながる。（仲井真弘多前知事に）承認いただいた関係法令に基づき、辺野古埋め立てを粛々と進めている」と説明した。翁長氏は「『粛々』という言葉を何度も使う官房長官の姿が、米軍軍政下に『沖縄の自治は神話だ』と言った最高権力者キャラウェイ高等弁務官の姿と重なる。県民の怒りは増幅し、辺野古の新基地は絶対に建設することはできない」と強く批判した。／米軍普天間飛行場の名護市辺野古移設の阻止を公約した翁長氏が知事に就任した２０１４年12月以降、官房長官が翁長氏と会談したのは初めて。／会談冒頭、菅氏が先に発言し、政府が取り組んできた基地負担軽減策や今後予定している経済振興策などを説明し「沖縄の皆さんと連携しながら信

頼感を取り戻させていただきたい」と辺野古移設に理解を求めた。／それに対し、翁長氏は沖縄の民意に触れ「私と前知事の政策の違いは埋め立て承認以外になく、埋め立て承認の審判が知事選の大きな争点だった。10万票差で私が当選したことは辺野古基地反対の県民の圧倒的な考えが示された」と説明した。／日米安保体制の重要性は認識しているとした上で「基地建設のために土地を強制接収され、県民は大変な苦しみを今日まで与えられてきた。そして普天間飛行場は世界一危険になったから『危険性除去のために沖縄が負担しろ』と言う。（反対すると）『日本の安全保障はどう考えているんだ』と言う。こんな話が出ること自体、日本の政治の堕落ではないか」と批判した。／さらに「（辺野古新基地）建設途中で頓挫することで起こり得る事態は全て政府の責任だ。辺野古（移設）ができなければ、官房長官もラムズフェルド元国防長官も世界一危険だと言う普天間飛行場が固定化されるのか聞かせてもらいたい」と突き付けた。〉

強圧的な姿勢に反発

「沖縄の皆さんと連携しながら信頼感を取り戻させていただきたい」と述べる菅氏に対して、翁長知事は、菅氏を中心とする中央政府の沖縄に対する姿勢が、信頼関係の構築とはほど遠い実態を手厳しく批判するとともに、「辺野古の新基地は絶対に建設することはできない」との決意を再確認した。

翁長氏は、安倍政権の沖縄政策が、植民地主義そのものであるということを批判しているのである。ここで鍵になるのが、「キャラウェイ高等弁務官の姿と重なる」という表現だ。残念ながら、沖縄のメディア以外は、この表現が持つ重みに気づいていない。高等弁務官（High Commissioner）とは、一般に宗主国が植民地に置いた行政最高責任者を意味する。沖縄に関しては、1957年6月5日、米国のアイゼンハワー大統領が、沖縄統治に関する新しい基本法として「琉球列島の管理に関する大統領行政命令10713号」を公布して、高等弁務官制を設けた。それまで沖縄の民政長官は、極東軍総司令官が兼ねていたが、極東軍が廃止になったため設けられた制度と言われている。高等弁務官は、国防長官が国務長官に諮り、大統領の承認を得て現役軍人から選任された。高等弁務官の権限は強大で、琉球政府の行政主席の任命権（1968年の主席公選実現まで）や琉球上訴裁判所裁判官の任命権を持ち、琉球政府裁判所に提起される訴訟で「米国の安全、財産又は利害に影響を及ぼすと認める場合」は、いつでもこれを米国民政府裁判所に移送を命ずることができた。琉球政府の裁判権は、高等弁務官の恣意的判断でいつでも制限することができたのだ。また、刑の執行を延期・減刑・赦免する権限も付与されていた。また、法令の公布権、琉球政府の立法にたいする修正権や拒否権、琉球政府のすべての公務員にたいする罷免権を有するなど、絶対権力を持っていた。特に第三代琉球列島高等弁務官（1961年2月〜64年7月）をつとめたポール・ワイアット・キャラウェイ（1905〜85年）は、琉球政府をまったく信頼せずに、直接統治を強化しようとした。そうしなければ、沖縄の米軍基地を維持することはできないとキャラウェイが考えたからだ。高等弁務官の強圧的な姿勢に沖縄の民意は激しく反発し、親米的だった保守勢力も分裂し、復帰運動が加速することになった。

翁長氏発言に鈍感

作家の大城立裕氏は、〈私個人の体験では、まず戦後いちはやく、戦中派としての悔いにもとづいて、もはや日本人でなくてもよい、と諦念することではじまった。世間では、異民族支配への嫌悪から日本復帰への願望がしだいに強くなったが、それを私は疑った。先輩のなかには、祖国復帰運動のさなかに、「復帰は仕方がないとしても、沖縄差別の温存するヤマト（引用者註＊沖縄以外の日本）は嫌だな」と言う人が少なくなかった。その多くが、ヤマトで生活した体験をもつ人であった。朝鮮半島出身の在日と似た体験の持ち主たちである。／その私が、やはり日本復帰しなければならない、と考えるようになったのは、異民族支配下の治外法権にたいする違和感ゆえである。住民にたいする米軍人の差別的犯罪が簡単に赦されて、犯人が簡単に帰国してしまう、という事件が少なくなかった。この治外法権から解放されるには、やはり憲法によって基本的人権の保障を約束する「日本復帰」しかないのか、という私の苦渋の選択であった。これが裏切られることになったのは「復帰」後のことである〉（大城立裕「生きなおす沖縄」『世界』臨時増刊 no.868［岩波書店］２０１５年４月発行）と述べる。安倍政権が、沖縄の民意を無視して、辺野古での新基地建設を「粛々と」進めていくならば、沖縄人の基本的人権を保全するために、沖縄は自己決定権の回復を志向することになる。4月6日『朝日新聞』朝刊は、〈翁長氏は今回の会談に、挑発的とも取れる発言で政権に「石を投げる」思惑を込めた。会談用の原稿には「政府が埋め立てを強行するなら、県は今後いかなる行政手続きにも応じられない、と申し上げる」という一文すらあった。／ただ、ここにはペンで大きく「×」。翁長氏が冒頭発言で行政手続きに触れることはなく、政治的な議論に持ち込む策をとった。背景には、移設阻止に向けた戦略の変化がある。これまでの行政手続きによる対抗策が「やや無理筋になっている」（県幹部）という認識があるからだ〉と報じる。この記事を書いた記者は、翁長氏が投げた石が米国の高等弁務官と東京の中央政府との類比であることに気づいていない。差別が構造化している場合、差別者は自らが差別者であることを意識していないのが通例だ。キャラウェイ高等弁務官の事例を想起させることによって翁長知事は東京の中央政府とマスメディアに、沖縄差別を脱構築しなくては日本の国家統合が揺らぐというシグナルを出している。

（2015年4月10日号）

旧日本陸軍を彷彿とさせる安倍晋三政権の外交スタイル

旧日本陸軍は、中国大陸で現地の部隊が作戦計画を企画立案し、同じ部隊が作戦を遂行し、作戦の評価も同じ部隊で行なった。その場合、評価は「成功」か「大成功」のどちらかになる。自らの企画立案、作戦遂行を否定的に評価する官僚組織（軍隊を含む）は存在しない。１９３０年代の旧陸軍による「成功」と「大成功」の集積が、太平洋戦争をもたらし、日本は壊滅的打撃を受け、アジア諸国に多大な被害をもたらした。

沖縄の力を過小評価

安倍政権の外交スタイルも旧陸軍を彷彿とさせる。官邸・外務省が企画立案を行ない、首相と外務官僚がそれを遂行し、官邸と外務省が評価するのである。独裁国家や権威主義国家、あるいはマスメディアと政治・官僚エリートの視座が同じになっている国のマスメディアでは、政府の評価を新聞やテレビがそのまま伝達する。

２０１５年４月26日から５月２日に行なわれた安倍晋三首相の公式訪米について、外務省は、〈今回の訪米においては、戦後70年の節目の年にあたって、戦後いかに日米同盟がアジア太平洋地域そして世界の平和と安定に貢献してきたかについて確認し、また、今後も、自由、民主主義、基本的人権、法の支配といった基本的価値観の上に立って、両国が手を携えて地域そして世界への貢献を続けていくとの強い意思を発信することができた。特に、日本の総理大臣として史上初となった上下両院合同会議での安倍総理による演説は、こうした点を強調するものとなった〉（５月３日外務省ＨＰ）と成功を謳いあげる。世界基準での人権を日本が認めるならば、なぜ「慰安婦」問題での謝罪がないのか。また、沖縄県民の圧倒的多数が反対する辺野古（沖縄県名護市）への新基地建設について、米国の同意を取りつけて、沖縄への圧力を強めようとするのか。「この人は言っていることとやっていることが違うのではないか」と話者の誠実性に疑念を招きかねない演説だ。

優れた広告代理店を活用し、日本についてあまり知識も関心もない標準的な米上下院議員を標的にして、いかに心地よい思いをさせるかについて入念に計算されたていねいな演説を安倍氏はしたのであろう。もっとも米議会で、このレベルの外国人の演説は一年に何度もある。安倍演説の効力も長くて３カ月くらいと思う。

それは、これから、沖縄県が本格的に辺野古新基地建設に反対する行動を米国や国連総会第三委員会（人権）で展開していくからだ。この活動を支える辺野古基金には、既に１億２０００万円以上の募金が集まっている。日本の中央政府と米国政府は沖縄の力を過小評価している。

安保マフィアの罪

日米安全保障条約との整合性においても奇妙な出来事が起きている。4月27日、米国のニューヨークで外務・防衛担当閣僚会合（2プラス2）が開かれ、「日米防衛協力のための指針」（ガイドライン）の改訂について合意がなされた。改訂は18年振りだ。新ガイドラインのいちばんの特徴は、日米安保条約に基づいて自衛隊が米軍を後方支援する範囲を朝鮮半島有事、台湾海峡有事など事実上、日本周辺に限定していた「周辺事態」という文言を削除し、自衛隊が地球規模で米軍に協力するメカニズムが出来たことだ。新ガイドラインでは、こんな記述がされている。

〈相互の理解を深める世界において、日米両国は、アジア太平洋地域及びこれを越えた地域の平和、安全、安定及び経済的な繁栄の基盤を提供するため、パートナーと協力しつつ、主導的役割を果たす。半世紀をはるかに上回る間、日米両国は、世界の様々な地域における課題に対して実効的な解決策を実行するために協力してきた。／日米両政府の各々がアジア太平洋地域及びこれを越えた地域の平和及び安全のための国際的な活動に参加することを決定する場合、自衛隊及び米軍を含む日米両政府は、適切なときは、次に示す活動等において、相互に及びパートナーと緊密に

協力する。この協力はまた、日米両国の平和及び安全に寄与する。〉

そして、具体的に、平和維持活動、国際的な人道支援・災害救援、海洋安全保障、パートナーの能力構築支援、非戦闘員を退避させるための活動、情報収集、警戒監視及び偵察、訓練・演習、後方支援、三カ国及び多国間協力が可能になったと記す。

新ガイドラインでは、日米協力の範囲を「アジア太平洋地域及びこれを越えた地域」としている。「これを越えた地域」とは、中東、ウクライナなどあらゆる地理的範囲に及ぶということだ。地球の裏までも米軍と協力するために自衛隊を派遣するメカニズムを構築するというのは外務官僚（特に安保マフィア）の悲願だった。新ガイドラインの合意がなされたことで、安保マフィアに属する外務官僚は随喜の涙を流していることと思う。

一般論であるが、やりすぎると必ず反動がある。日米安保条約6条には、「日本国の安全に寄与し、並びに極東における国際の平和及び安全の維持に寄与するため」と明記されている。日米安保条約を改定せずに、日米協力の範囲を地球規模に拡大することは無理筋だ。日本は法治国家でないことを満天下に示しているようなものだ。国会で十分な審議が必要だ。

新ガイドラインに対しては、沖縄の新聞も警戒心を強めている。4月27日『琉球新報』の社説は、以下の懸念を表明した。

〈国民的な議論、国会の監視、法手続きを置き去りにしたまま、世界中で行う米国の戦争を自衛隊が支援する。その枠組みが確定する。／日米両政府は27日、防衛協力の指針（ガイドライン）を改定する。それは平和憲法の下で固持してきた「専守防衛」を完全に踏み越えることを意味する。国是の変更に等しい改定を許してはならない。／米国への支援の名目で、日本が主体的に戦争を支える国となるのだ。改定された防衛協力指針でその具体像がくっきり立ち現れる。戦後の安全保障政策の重大な転換点となる。／日米安保条約は日本と、極東の平和と安全を維持するために、米軍の日本駐留を認めるものだ。ガイドラインは安保条約に付随するが、日米の協力関係の根幹を改めて適用対象を地球規模に広げるのは、安保条約からの逸脱だ。／本来なら条約を改正して対応すべきだが、日米政府の「目標」に位置付けられる指針は国会での批准が必要ない。条約改正に等しい日米軍事協力の強化が、国会での手続きもなく進められた。／他国軍への後方支援は「後方地域」や「非戦闘地域」に限られていたが、安倍政権は昨年、「現に戦闘行為を行っている現場」以外では可能と判断を変えた。〉

安倍首相官邸が、条約解釈のような複雑な議論に対する理解力が弱いことに付け込み、外務官僚が「悪乗り」している。今回、悪のりしている外務官僚諸君！　よく聞いておけ！　いつまでもこの政権が続くわけではない。法治国家の根本を揺るがすような逸脱をした外務官僚を、徹底的にあぶり出して、いずれかのタイミングで責任を取らせなくてはならない。

（2015年5月15日号）

翁長雄志知事訪米を機に変わった米国の「安保マフィア」

２０１５年５月27日から６月４日、沖縄県の翁長雄志知事が米国を訪問した。日本の中央政府は、翁長訪米が失敗であったという印象を醸し出そうとしている。〈菅義偉官房長官は４日の記者会見で、翁長知事が一連の訪米日程を終えたことについて、「知事が時間をかけて米国まで行ってきたのだから、辺野古移設は唯一の解決策であるということも認識して帰ってこられたんじゃないか」と発言した。〉（６月５日『朝日新聞』デジタル）

露骨に冷淡な『朝日』

翁長知事が「辺野古移設は唯一の解決策であるということも認識して帰ってこられたんじゃないか」と菅氏が本気で思っているとするならば、菅氏の分析能力が基準に達していないということだ。官房長官がこの程度の認識しか持っていない中央政府の良識に期待しても無駄だ。今回、興味深いのは、普段は沖縄に「同情的」な素振りをする『朝日新聞』が、冷淡な姿勢を露骨に示していることだ。

〈米軍普天間飛行場（沖縄県宜野湾市）の辺野古移設反対を訴えようとした知事を待っていたのは、米政府のかたくなな対応だった。県は世論を喚起する一定の成果があったとするが、苦い現実に直面した訪米となった。／「国と国との関係なので、中堅どころが『わかりました』と言うわけにはいかず、結論的には良い形にならなかった。だが、これだけ話をさせてもらったのは大きな結果だ」／翁長知事は5日夜、到着した那覇空港で記者団にこう語った。ワシントンでは国務省のヤング日本部長、国防総省のアバクロンビー次官補代理代行に「辺野古反対」を訴えたが、「唯一の解決策」とする米側とは平行線。日米両政府の「壁」の厚さが浮き彫りとなった。〉（6月5日『朝日新聞』デジタル）

沖縄県は、「世論を喚起する一定の成果があった」と肯定的評価しているのに対し、『朝日』は「苦い現実に直面した」という否定的評価をしている。

〈県が「成果」と胸を張るのが、ジョン・マケイン上院軍事委員長（共和党）との会談だった。基地政策に影響力を持つ重鎮で、「辺野古反対」への理解は引き出せなかったものの「対話の継続」では一致。翁長氏は「画期的なこと」と自画自賛した。／（中略）政治家らの反応は総じて厳しかった。会談時に協力的と受け止められるような発言をした議員が、すぐに「辺野古（移設）が唯一の解決策」とするコメントを出す一幕もあった。同行県議はこう漏らした。「沖縄問題への無関心や誤った見方が多いのを痛感した。だが、それを知ったこともまた成果だ」〉（前掲『朝日新聞』デジタル）

日本人植民者の視座に立つ『朝日』が翁長訪米に冷淡な見方を終始示しているのに対し、沖縄の新聞は現実を等身大で評価している。3日、公式日程を全て終えた翁長知事は、ワシントン市内で記者会見をした。

〈知事は米政府当局者ら会談相手に沖縄の基地問題への理解が深まったと総括した上で「来る前に比べれば大きな上乗せがあった。それを糧にして、一歩一歩前に進んでいきたい」と述べ、移設阻止への決意を新たにした。／一方、翁長雄志知事と米国務省のヤング日本部長、国防総省のアバクロンビー副次官補代行が会談した後、米国務省は声明を発表し、辺野古移設を推進する方針を強調した。／翁長知事は「日米両政府が『辺野古が唯一』だと言うので、必ずやり遂げられると信じている人が多いが、実際はいろんな理由で（移設）工事はなかなか進まないというのを理解していただいた」と訪米の成果を強調した。上院軍事委員会のマケイン委員長と対話を継続することで一致したことを挙げ、今後も粘り強く米側と直接交渉する意向をあらためて示した。〉

（6月4日『琉球新報』電子版）

沖縄県民の直接選挙によって選ばれた翁長知事がワシントンの米国政治エリート（政府高官、上下院議員、シンクタンク関係者）に沖縄の声を直接伝えることができたこと自体が大きな成果だ。それとともに米国の沖縄系同胞が翁長知事を強く支持したことにも大きな意味がある。ワシントンには沖縄系米国人が集まり、辺野古新基地建設に反対の意向を表明した。

認識広がる「決定権」

この関連で、ワシントン入りする前の5月29日（日本時間30日）に行なわれた翁長知事とイゲ・ハワイ州知事との会談が興味深い。同日、ホノルルにおける記者会見で翁長知事はこう述べた。

〈前半は交流の話をし、後半は基地の話をした。一つ違うのは、基地問題は州知事の直接的な権限ではない点。だが同じウチナーにルーツを持つ者として、沖縄の今の基地問題の現状を理解いただきたいと説明した。先方は日米両政府の問題ではあるが、ワシントンＤＣで頑張ってくださいと。〉（5月31日『琉球新報』）

重要なのは、翁長知事の立場を理解した上でイゲ知事が「ワシントンＤＣで頑張ってください」と激励したことだ。ハワイ州には沖縄出身者が多い。この人々は沖縄人としてのアイデンティティーを強く持っている。しかし、日本人としてのアイデンティティーは、ないか、あっても希薄だ。イゲ知事は、ハワイ州の公式ウェブサイトにも「沖縄系米国人の初めての知事」と記されている沖縄人としてのアイデンティティーを明確に持つ政治家だ。イゲ知事は沖縄人の民意を代表する翁長知事を最大限に支持し、沖縄人の国際連帯を推進している。

翁長知事は、５月27日（日本時間28日）、ハワイで同州選出のヒロノ上院議員、ガバッド下院議員と相次いで会談し、辺野古新基地建設の撤回に向けて協力を求めた。

〈会談後の知事によると、ヒロノ氏は「日本政府の対応に問題があるようだ。もっと（沖縄の）話を聞くべきだ」と述べ、新基地建設阻止を掲げる県の立場に理解を示した。ガバッド氏は「沖縄の言うことはとても理解できる。米議会でも話していきたい」と述べ、議会でも取り上げていく考えを示した。／ヒロノ氏は翁長知事に対し「力強く訴えてもらいたい」と激励した。〉（５月28日、『琉球新報』電子版）

沖縄にとって死活的に重要な事柄については、沖縄人が決定するという沖縄の自己決定権に関する認識が、国際的広がりを持つようになったことが、今回の翁長訪米の最大の成果と思う。

知事訪米をきっかけに米国の「日米安保マフィア」の対応にも変化が出ている。
〈米クリントン政権で普天間返還の日米合意を主導したジョセフ・ナイ元国防次官補（現・米ハーバード大教授）は本紙取材に「沖縄の人々の支持が得られないなら、われわれ、米政府はおそらく再検討しなければならないだろう」と述べ、地元同意のない辺野古移設を再検討すべきだとの見解を示した。〉（前掲『琉球新報』電子版）

ナイ氏やアーミテージ氏は、現実主義者だ。所与の条件下で、米国が安定的に沖縄で基地を使用することを考えている。日本政府は、辺野古新基地建設を、沖縄人の血を流してでも強行する気構えだが、そんなことになれば、沖縄の反中央政府に対する姿勢が、反米に転化し、嘉手納基地の使用に支障が出ることを米国の「日米安保マフィア」が真剣に懸念し始めている。

（2015年6月12日号）

百田尚樹氏の蔑視発言で可視化された自民党の沖縄差別

２０１５年６月25日に行なわれた自民党勉強会「文化芸術懇話会」における自民党国会議員と作家の百田尚樹氏による沖縄蔑視発言事件は、自民党に沖縄差別が構造化されていることを可視化させた深刻な事件だ。

「文化芸術懇話会」は、〈設立趣意書によると、芸術家との意見交換を通じ「心を打つ『政策芸術』を立案し、実行する知恵と力を習得すること」を目的としている〉（６月25日、産経ニュース）ということであるが、そもそも「政策芸術」という発想自体が、ナチス・ドイツやスターリン・ソ連における政治目的で芸術や文化を利用するというプロパガンダ（宣伝）戦術だ。「政策芸術」が可能であるという発想自体に、自民党の反知性主義的体質が顕著に現れている。

軽口や冗談ではない

東京の政治エリート（国会議員、官僚）、全国紙の記者は、気づいていないようだが、６月27

日に『琉球新報』と『沖縄タイムス』が編集局長名で共同抗議声明を掲載したのは、異例の事態だ。筆者が知る限り、過去にこのような事例はなかった。共同抗議声明は、〈百田尚樹氏の「沖縄の2つの新聞はつぶさないといけない」という発言は、政権の意に沿わない報道は許さないという〝言論弾圧〟の発想そのものであり、民主主義の根幹である表現の自由、報道の自由を否定する暴論にほかならない。／百田氏の発言は自由だが、政権与党である自民党の国会議員が党本部で開いた会合の席上であり、むしろ出席した議員側が沖縄の地元紙への批判を展開し、百田氏の発言を引き出している。その経緯も含め、看過できるものではない。／さらに「(米軍普天間飛行場は)もともと田んぼの中にあった。基地の周りに行けば商売になるということで人が住みだした」とも述べた。戦前の宜野湾村役場は現在の滑走路近くにあり、琉球王国以来、地域の中心地だった。沖縄の基地問題をめぐる最たる誤解が自民党内で振りまかれたことは重大だ。その訂正も求めたい〉と指摘する。筆者もこの共同抗議声明の内容を支持する。

ここで、百田氏から「本当に沖縄の二つの新聞社は絶対つぶさなあかん」という発言を引き出すきっかけを作った、長尾敬衆議院議員(近畿比例ブロック、当選2回)の発言について、再確認しておく必要がある。

長尾氏は、〈沖縄の特殊なメディア構造をつくったのは戦後保守の堕落だ。先生なら沖縄のゆがんだ世論を正しい方向に持っていくために、どのようなアクションを起こすか〉(26日『朝日新聞デジタル』)と述べた。長尾氏は、具体的な行動指針について、百田氏に助言を仰いでいる。

それに対して、百田氏は、「本当に沖縄の二つの新聞社は絶対つぶさなあかん」と答えたのである。百田氏は、「軽口、冗談のつもりだった」というコメントで逃げようとしているが、長尾氏とのやりとりの前後関係からして、軽口や冗談と受け止めることはできない。

笑止千万の妄想

懇話会における百田氏の発言で、沖縄と沖縄人に対する蔑視が顕著に現れている。〈沖縄の米兵が犯したレイプ犯罪よりも、沖縄県全体で沖縄人自身が起こしたレイプ犯罪の方が、はるかに率が高い〉（6月26日『朝日新聞』デジタル）という発言だ。

ここで百田氏は、「沖縄人」という言葉を用いている。そもそも日本の統計区分に「沖縄人」というカテゴリーは存在しない。それにもかかわらず、レイプ犯罪を犯したのが、日本人ではなく沖縄人であるという前提で話をしている。

〈公務員であり日米地位協定で守られている米兵と、一般県民を同列に比較することを疑問視する声がある。米兵による性犯罪に詳しい宮城晴美氏は「性的暴行の起訴率も十数%という米兵と日本人とは罰せられ方が違う」と話す。／（中略）宮城氏は在沖米兵の性的暴行の発生率は不明としながら「そもそも単純に比較するものではなく、戦後70年間、米兵が女性に好き放題してきた歴史を考えなければいけない」と強調した〉（6月27日『琉球新報』電子版）というような反論は、百田氏や勉強会に参加していた自民党国会議員の心には響かない。なぜなら、この人たちは客観性や実証性を軽視もしくは無視し、自らが欲するように物事を理解する反知性主義者だからだ。

自民報道圧力問題に関しては、二つの側面があることを見過ごしてはならない。第一は、自民党の保守派を自任する人々が、安倍政権に批判的なマスメディアを封じ込めることを意図しているという面だ。言論の自由と民主主義全般に危機をもたらす問題だ。

第二は、政権に近い日本の政治エリートと有識者が、沖縄の新聞を標的にして、沖縄2紙の読者の知る権利を侵害しようとしている面だ。県民や県外の沖縄人からすれば、笑止千万の妄想であるが、『琉球新報』と『沖縄タイムス』が左翼によって支配されているので、沖縄の世論が誘導されている」ということを信じている国会議員、全国紙記者、有識者は意外と多い。この前提には、県民に判断力がなく、新聞の誘導によって容易に煽動されるという沖縄人蔑視がある。同様に妄想であるが、「沖縄独立論は中国によって操られている」という話を真面目に信じ、危機感を抱いている国会議員、全国紙記者、有識者も少なからずいる。沖縄人は内発的に政治意思を表明することができず、外部によって操られる存在だという了解がなければ、このような見解は生まれない。

自民党報道圧力問題に潜んでいる沖縄差別については、沖縄人が声を上げない限り、日本人は認識しない。事態を放置しておけば、差別が深刻化するだけだ。

7月2日、沖縄県議会で、懇話会に参加した自民党国会議員、百田氏等を非難する決議が採択された。

〈宛先は安倍晋三自民党総裁。野党自民党は勉強会での発言が不穏当だとして発言者に反省を求める決議を提出したが、賛成少数で否決された。／与党側は決議の質疑で報道圧力の発言が自民党の勉強会の場で出されたことを挙げ、議員個人の問題ではなく党の責任者である安倍総裁に抗議が必要だと強調した。自民党は勉強会が議員有志による私的な場であったことなどから安倍総裁への抗議には当たらないと主張した。／与党の決議は自民党を除く与党、中立、無所属の31人が賛成し、自民党の13人は反対した。採決時に席にいない「離席」が2人いた。自民党の決議は自民党13人が賛成し、そのほか31人が反対した。〉（7月2日『琉球新報』電子版）

仙台出身で沖縄にルーツを持たず、中央政府の利益代表と化している島尻安伊子参議院議員が自民党沖縄県連会長をしていることを考えるならば、県連としては想定外の激しい対応で事態に臨んでいる。しかし、懇話会が自民党の行事であるにもかかわらず、自民党総裁である安倍晋三氏に対して抗議できないような組織は、植民地総督府の出先に過ぎず、沖縄人多数派の支持は集まらない。

（2015年7月10日号）

第8章　翁長知事に対する国の訴訟とその和解

翁長雄志知事と菅義偉官房長官の集中協議で見えたこと

２０１５年8月4日、菅義偉官房長官は、記者会見で米海兵隊辺野古新基地（沖縄県名護市）の建設問題に関して8月10日から9月9日までの1カ月間、基地建設に関わる工事をすべて中断し、沖縄と集中的に協議を行なうと述べた。同日、沖縄県の翁長雄志知事も、工事中断中は県として新たな法的・行政的手続きを行なわないと記者会見で表明した。

今回の中央政府側のシナリオについて、重要なヒントをジャーナリストの田原総一朗氏が述べている。7月初旬に上梓された新書本で田原氏は、〈沖縄の問題で今、安倍内閣がやるべきことは、やっぱり安倍さんが沖縄に行って土下座することだよ。そして工事をいったん中断して「沖縄振興のためにできることは何でもする」と約束するのがスタートだ〉（猪瀬直樹／田原総一朗『戦争・天皇・国家』角川新書、２０１５年、２１５～２１６頁）と述べている。

出版スケジュールから逆算すると、この本の原稿は、5月末には完成していなくてはならない。

田原氏は「権力党員」なので、菅官房長官とも昵懇《じっこん》の関係にある。5月末の時点で、首相官邸は、辺野古新基地建設の一時中止と沖縄との再協議というシナリオを固めていたのだと思う。もっとも沖縄が求めているのは安倍晋三首相の土下座ではなく、辺野古新基地建設の白紙撤回だ。沖縄振興予算と米軍基地受け入れのバーターが成立するという田原氏の認識が根本において誤っている。

関係性の変化

8月12日、那覇の沖縄県庁で、翁長雄志沖縄県知事と菅官房長官の集中協議が行なわれた。仲井眞弘多前知事と菅氏の会談は、常に那覇市内のホテルで行なわれていた。翁長知事がこのような密室会談に応じず、県庁という公の場で会談を行なったことも大きな変化だ。マスメディアの取材は冒頭のみで、会談自体は閉ざされた扉の中で行なわれた。このような外交交渉と同じ方式で会談が行なわれるという外形的な事実自体が、沖縄と中央政府の関係が準国家間交渉になっていることを示している。

〈普天間問題の原点をめぐり、菅官房長官が「(19年前、県内移設による普天間飛行場閉鎖を決めた)橋本・モンデール会談が原点だ」と述べたのに対し、翁長知事は「沖縄戦で強制接収されたことが原点だ」と述べ、見解の違いがあらためて浮き彫りとなった。さらに集団的自衛権行使に向けた安保法制が国会で審議されていることを念頭に「私からすると、冷戦時代は今よりずっと厳しい時代だった。今の時代に基地を拡充していくということはおかしいのではないか。中東のホルムズ海峡まで視野に入れて沖縄の基地があるということになると、県民の思いとの乖離が大きすぎてとても耐えられない」と述べた。

協議後、記者から「協議の中で辺野古以外の県内移設へ歩み寄ることはあるか」と問われたのに対し、翁長知事は「(普天間飛行場の）県外移設という認識をしっかり持っている。(県内の）どこそこと言われてもこれは難しい、できないと伝えている」として、県内移設で決着する可能性を否定した。

翁長知事は協議の中で、米軍の抑止力や在沖海兵隊の役割について「沖縄1県にこれだけ米軍基地を押し付けると、日本全体で安全保障を守るという気概が他国からは見えない」「防衛省は海兵隊が沖縄にいる理由として機動性・即応性・一体性を挙げているが、沖縄の海兵隊には揚陸艦がないのでそういう働きもできない」などの疑問点を具体的に列挙して、菅官房長官に伝えたという。〉（8月13日『琉球新報』電子版）

今後、沖縄県と首相官邸の間に入って、ブローカーのような動きをする政治家が、緊急避難を口実に、普天間の海兵隊の嘉手納基地への統合、下地島への移設のような変化球を投げてくる可能性がある。このことを踏まえ、翁長知事が菅氏に「県外移設という認識をしっかり持っている。（県内の）どこそこと言われてもこれは難しい、できない」と明確に伝え、その事実をマスメディアに明らかにしたことの意味は大きい。

既に7月29日、東京で行なわれた朝日新聞主催シンポジウムの席で、翁長知事は、嘉手納統合、下地島への移設というシナリオも明確に否定している。いかなる形態においても米海兵隊普天間飛行場の県内移設というシナリオはないことを首相官邸、外務省、防衛省と東京のマスメディアに認識させることが、沖縄にとって今後の重要な課題になる。

実態は新基地建設

仲井眞前知事による埋め立て承認について検証した沖縄県の第三者委員会は、承認手続きに「瑕疵が認められる」とする報告書を翁長知事に提出している。今回の集中協議が決裂したとしても、翁長知事は、埋め立て承認取り消しといった次の段階に進めばいいだけのことだ。翁長知事による埋め立て承認の取り消しは、沖縄の自己決定権を反映したものだ。この自己決定権を翁長知事には、沖縄にもっとも有利になるタイミングで発動することになろう。

翁長知事が埋め立て承認を取り消した場合、中央政府が行政代執行に踏み込む可能性がある。要するに、法律で定められた義務を沖縄県知事が執行しないので、国が代わって執行するということだ。国の行政代執行によって辺野古新基地建設が可能になるというのは、沖縄の底力を軽視した非現実的な想定だ。沖縄人にとって辺野古新基地建設は、中央政府による沖縄差別の象徴的事案だ。

日本の陸地面積の0・6％を占めるに過ぎない沖縄県に在日米軍基地の73・8％が所在する。中央政府は沖縄の負担軽減を口にするが、政府の計画が実現しても、沖縄の基地負担は73・1％になるに過ぎない。しかも、辺野古新基地は航空母艦が着岸可能で、オスプレイも100機常駐できる。普天間基地と比べ、基地機能が飛躍的に強化される。普天間飛行場の辺野古への移設という中央政府の説明は不正確で、実際は新基地の建設だ。新基地建設を阻止することは、沖縄人の名誉と尊厳を保全するために不可欠だ。

ここで起きているのはシンボルをめぐる闘争である。政治、国防、経済に関する問題ならば、沖縄にとっても妥協の余地がある。しかし、沖縄に対する構造的差別のシンボルとなった辺野古新基地建設を沖縄人が認めることは絶対にない。かりに日本の中央政府が、力を行使して埋め立てを強行するような事態になっても、沖縄人は土砂を撤去し、辺野古の青い海を取り戻す。沖縄人の底力を中央政府は軽視している。行政代執行に対して、沖縄は自己決定権で対抗する。

8月14日に閣議決定した戦後70周年談話で安倍首相は、「植民地支配から永遠に訣別し、すべての民族の自決の権利が尊重される世界にしなければならない」と述べた。もともと琉球王国という独自国家のあった沖縄県に73・8％の在日米軍基地があるという現実と、さらに同県名護市の辺野古に新基地を建設しようとする安倍政権の姿勢に対して、沖縄人が「安倍首相は植民地支配から永遠に訣別するとの約束を履行せよ」と要求するのは必至だ。

（２０１５年８月21日号）

沖縄の自己決定権確立に大貢献した翁長雄志国連演説

現地時間の2015年9月21日夕刻（日本時間22日未明）、スイス・ジュネーブの国連人権理事会総会における翁長雄志沖縄県知事の演説は、沖縄の自己決定権確立に向けて大きな貢献をした。この演説に関して三つの注目点がある。

辺野古基金の活用法

第一は、沖縄県の有権者による直接選挙で選ばれた沖縄の最高指導者が史上初めて、国連の場で沖縄の自己決定権に基づく自己主張をしたことだ。

〈翁長知事は「沖縄の米軍基地は第2次世界大戦後、米軍に強制接収されてできた。沖縄が自ら望んで土地を提供したものではない」と述べ、米軍普天間飛行場の返還条件として県内に代替施設建設を求める日米両政府の不当性を主張した。／また、「沖縄は国土面積の0・6％しかないが、在日米軍専用施設の73・8％が存在する。戦後70年間、いまだに米軍基地から派生する事件・事故や環境問題が県民生活に大きな影響を与えている」と強調した。その上で「沖縄の人々は自己決定権や人権をないがしろにされている」と訴えた。／翁長知事は昨年の県知事選や名護市長選、衆院選など県内主要選挙では辺野古新基地建設に反対する候補が勝利したことに触れ「私はあらゆる手段を使い新基地建設を止める覚悟だ」と述べ、建設を阻止する決意を表明した。〉（9月22日『琉球新報』電子版）

在日米軍基地の過重負担によって沖縄人の自己決定権と人権がないがしろにされているという日本政府による沖縄に対する構造的差別を指摘したうえで、あらゆる手段を用い辺野古新基地建設を阻止するという決意を国際社会で宣言した。今、沖縄が主張しなくてはならない核心的論点が盛り込まれている。

第二に、翁長氏が、文法的に正確な英語で、沖縄が置かれた状況を過剰な形容詞や修飾語を用いずに力強く訴えたことだ。訴えの時間も2分間だった。国連人権委員会の参加者に「沖縄に関してこういう問題があるのか」ということを意識させるのに適切な長さだ。国連人権委員会に出席している人々は、沖縄が抱えている問題について知識を持っていない。こういうときは、細かい話を長時間展開するよりも短時間のスピーチで、核心的論点のみを強調する方が効果がある。

近未来に、那覇に外国記者団を招き、翁長知事が特別会見を行なうことを沖縄県に検討してほしい。最初の挨拶は琉球語、知事からの冒頭発言は英語で行ない、質疑応答は日本語／英語の通訳を用いて行なえばいい。沖縄の政治家が外国人を相手に記者会見や演説をするときに冒頭発言で、極力、日本語を使わないようにすることは、言語においても植民地主義から訣別するというニュアンスを持つので、意外と重要だ。まさにこういう行事のために辺野古基金を用いるべきと思う。

第三に注目されるのは、「寿府代」（在ジュネーブ国際機関日本政府代表部）の対応が、想定外に弱かったことだ。何よりも注目されるのが、特命全権大使の小田部陽一大使ではなく、格下の嘉治美佐子次席大使に反論を行なわせたことだ。「国連代」（在ニューヨーク国際連合日本代表部）には大使が3人、寿府代には大使が2人いる。そのうち、トップだけが日本国家を代表する特命全権大使だ。翁長演説に日本政府が本気で反論するつもりだったならば、小田部大使が出てくるのが筋だ。筆者は外務省OBで小田部、嘉治両大使と面識を持つ人に今回の寿府代の対応について尋ねてみた。

OB「小田部大使は逃げたのだと思う。沖縄県知事レベルで特命全権大使が出てくると、翁長の主張を日本政府が深刻視しているというニュアンスが出るとかいう理屈をつけて」

佐藤「それじゃ、参事官か書記官に対応させればいいじゃないですか」

OB「それじゃ、軽すぎると判断したのだろう。要するに筋悪案件だから小田部さんは逃げたんだと思うよ」

無礼な菅官房長官

筋悪案件とは、外務省の業界用語で、面倒でエネルギーを費やす割に評価が低い仕事を指す。筋悪案件は、消極的権限争議の対象となり、外務官僚は逃げ回る。

佐藤「嘉治大使はどんな人ですか。僕は面識がないので、人柄も能力もわかりません」
OB「有能だよ。むしろ外務省ではリベラルな人権派で通っている難民問題の第一人者だ」
佐藤「それじゃ、民族自決権や少数民族の人権についても通暁している人ということですか」
OB「そう思うよ。（外務）本省から訓令がくるか、寿府代から請訓（訓令を求めること）して、嘉治大使は、東京から言われたことをそのまま読み上げただけだと思う。腹の中では面倒なことに巻き込まれたと思っているはずだ」
佐藤「要するに寿府代は腰が引けているということですね」
OB「当たり前だ。こんな筋悪案件には誰も触りたくない」

嘉治氏は、去年NTT出版から『国際社会で働く――国連の現場から見える世界』を上梓している。この本を読むと、人権派の外務官僚であることがよくわかる。沖縄の置かれている状況が、国際的な人権基準に照らしてどれほど深刻な事態であるかを嘉治氏に理解できないはずがない。また、沖縄が自己決定権を主張し、それが民族自決権の主張にまで至ると、どれほど面倒になるかについても嘉治氏を含む「寿府代」に勤務する外務官僚はよく理解していると思う。

ちなみに嘉治氏は、前出の書で、〈人権問題は、人権理事会のほか、その報告を受けて、国連総会の第三委員会で扱われます。第三委員会で採択された決議が総会本会議で採択されることにより、国連総会としての正式の決議となります〉と書いている。沖縄県幹部が嘉治氏に電話して、「あなたの本に書いているとおりに事態を進捗させたいのだけど、どういう点に留意したらよいか」と尋ねてみるとよい。外務官僚であれ、本を出した以上は、その内容に対する質問に誠実に答えるのが著者としての職業的良心だ。

翁長演説に対する中央政府の反応は、予想されたこととはいえ、無礼極まりない。

〈菅義偉官房長官は24日午前の記者会見で、翁長雄志知事が国連人権理事会で米軍普天間飛行場の移設問題に関する政府の対応を批判したことについて「人権や基本的自由の保護促進などを主な任務とする人権理事会で、沖縄の米軍基地をめぐる問題が扱われたことには強い違和感を持っている」と不快感を示した。／菅氏は「政府は沖縄の基地負担軽減、沖縄振興に全力を挙げている。普天間飛行場の移設は19年間、多くの沖縄県関係者の協力を得ながら適正な手続きに沿って進めている」と政府の立場を強調。その上で「そうしたことを踏まえない翁長知事の主張は国際社会では理解されない」と批判した。〉（9月24日『琉球新報』電子版）

典型的な植民地主義者の発言だ。いくら対話を繰り返してもこのような人の世界観は変化しない。沖縄に求められるのは、国際圧力によって菅氏のような植民地主義者の差別政策を封じ込めることだ。

（２０１５年10月9日号）

沖縄への警視庁機動隊投入はソ連の手口と酷似している

沖縄と日本の中央政府の緊張が新たな段階に入った。中央政府が辺野古（沖縄県名護市）に警視庁（東京都管轄）の機動隊を導入したからだ。

「琉球処分」への反発

〈米軍普天間飛行場移設に伴う名護市辺野古の新基地建設をめぐり4日、警視庁の機動隊員100人以上が米軍キャンプ・シュワブゲート前での警備活動に投入された。ゲート前に県外の機動隊が加わるのは初めて。従来多くて100人規模だった警備体制がこの日は200人超に膨らんだ。ゲート前の市民と機動隊員とのもみ合いで、抗議していた60代の男性が機動隊員を足蹴《あしげ》にしたとして公務執行妨害容疑で現行犯逮捕された。転倒して救急搬送される人も出るなど現場は激しく混乱した。／建設に反対する市民らはこの日、最大約210人が集まり、機動隊員に向かって「東京に帰れ」などと声を上げた。〉（2015年11月5日『琉球新報』電子版）

11月6日の『沖縄タイムス』は、社説で警視庁機動隊の撤退を強く訴えた。

〈警視庁の機動隊といえば、「鬼」「疾風」などの異名を各隊が持つ屈強な部隊。都内でデモ対応などの経験があり、即応力を備える「精鋭」たちだ。／かたやゲート前で反対の声を上げるのは、辺野古に新基地を造らせない、との一念で集まった市民ら。過酷な沖縄戦やその後の米軍支配下を生き抜いてきたお年寄りの姿もある。／国内外の要人が出席するイベント開催に伴う一時的な警備ならともかく、非暴力の市民の行動に対応するために、「精鋭」部隊を投入するのは極めて異例だ。／ゲート前の警備態勢が長期化し、県警内での人繰りが厳しくなる中、県公安委員会を通し警視庁に応援部隊の派遣を要請していたという。／政府側は県警の要望だったと強調し、関与を否定している。だが、何が何でも新基地を造るという強硬姿勢を再三見せられてきた県民にとって、反対運動を萎縮させ、弱体化を狙う意図が働いているとしか思えない。／そもそも、これまでの政府の強権的な姿勢が、抗議活動の「激化」を招いた。政府はその事実を重く受け止めるべきだ。／(中略)沖縄の民意を無視し、権力で押さえ付けて意に沿わせようとする。新たな「琉球処分」とも指摘されるこうした事態が進めば、不測の事態が起こりかねない。政府は、正当性のない新基地建設工事を止め、警視庁機動隊を撤退させるべきだ。〉

この社説が、沖縄の民意を端的に示していると思う。このタイミングで警視庁機動隊が投入された理由は二つあると筆者は見ている。

第一は、中央政府が沖縄県警を信用していないからだ。県警には優秀な機動隊がある。それにもかかわらずあえて東京から機動隊を送ったのは、中央政府に「沖縄県警のデモ隊に対する方針は甘い。県警には沖縄人が多いので、力を適切に行使することができない」という認識があるからだ。もちろん狡猾な中央政府は、真相が露見しないように姑息な工作を行なっている。それだから、沖縄県公安委員会による中央政府への要請という体裁を整えたのだ。

〈米軍普天間飛行場（沖縄県宜野湾市）の移設先として工事が始まった名護市辺野古の沿岸部に、警視庁が11月上旬にも百数十人の機動隊を派遣することが、警察関係者への取材で分かった。地元住民や市民団体の抗議活動が長期化する可能性があり、混乱を防ぐために沖縄県警が警視庁に要請したという。／警察関係者によると、派遣される機動隊員は、辺野古沿岸部の警備を続けている沖縄県警の指揮のもとで配置される。工事が始まったことに抗議する人や団体が都内などから数多く集まる可能性もあり、警視庁が警備を支援するという。警視庁の機動隊はこれまでにも、那覇市内で重要防護施設の警備にあたっていた。〉（11月１日『朝日新聞デジタル』）

警視庁機動隊が「沖縄県警の指揮のもとで配置される」としても、沖縄県警の公安は、事実上、沖縄県知事ではなく東京の警察庁警備局（公安警察）の指揮命令の下で動いているので、実態としては中央政府が直接、沖縄の「治安維持」に乗り出したということだ。ソ連が1968年の「プラハの春」に軍事介入した際もチェコスロバキア政府からの要請を口実にした。79年にソ連がアフガニスタンに軍隊を派遣した際も傀儡政権を使ってアフガニスタン政府の要請という体裁を整えた。どうも安倍政権はソ連の手口に学んでいるようだ。

沖縄人を過小評価

第二は、中央政府が力を見せつければ、沖縄人は怯んで、おとなしくなり、辺野古新基地建設に対する異議申し立て運動を封じ込めることができるということだ。沖縄人の力を過小評価した露骨な植民地主義的行為だ。しかし、このような中央政府の目論見は沖縄人の団結力によって粉砕されることになる。11月6日の『琉球新報』は社説でこう指摘した。

〈新基地建設の阻止を訴える市民の抗議行動は、戦後70年も生命・財産を脅かし続ける基地の重圧から脱したいという県民要求に基づくものであり、憲法が保障する表現の自由に照らしても正当だ。／ゲート周辺での座り込みやデモは、新基地建設を強行する安倍政権に対する最低限の異議申し立てである。それを威力によって封じ込める行為は許されない。／男性逮捕も疑問だ。本紙や市民が撮影した動画を見ると、先に機動隊員の手が男性の背後から伸び、バランスを崩した男性が機動隊員の方を向いて右足を上げるような動作をしているのが確認できる。／市民逮捕の原因をつくったのは誰なのか厳しく問われるべきだ。市民をいたずらに挑発し、とっさに抵抗してきた市民を公務執行妨害容疑で逮捕するような理不尽があってはならない。／現場では歩道上を鉄柵で囲った場所に、ゲート前から排除した市民を一時拘束するような事態も続いている。いったんゲート前から排除した市民を引き続き拘束するのは「予防拘禁」とも言うべき不当な行為ではないか。〉

まさに、中央政府は、予防拘禁によって沖縄人を萎縮させようとしているのだ。事態を冷静に観察すれば、辺野古で機動隊と住民が衝突し、沖縄人の血が流れることについて、中央政府は何の抵抗も覚えていない。「日本全体の利益」という口実で、沖縄を犠牲にするという姿勢を露骨に示している。

中央政府の政治家や官僚には見えないであろうが、質的な構造変化が沖縄で起きている。沖縄人は、沖縄人警察官との対話を深化させる。中央政府による沖縄人弾圧という現実に直面して、「仕事をやりすぎない」という形で沖縄人の良心に適う行動をすることが、沖縄人警察官、さらに国の総合事務所、沖縄防衛局、外務省沖縄事務所に勤務する沖縄人にとっての焦眉の課題であるという認識が、沖縄人の間で静かに共有されることになる。沖縄と沖縄人の運命を真面目に考えていない日本人上司に過剰同化して、沖縄人の間の衝突で流血が生じることだけは何としても避けなくてはならないという想いで沖縄人は団結する。

（２０１５年11月13日号）

辺野古代執行訴訟で翁長雄志知事が敗訴したら起きること

２０１５年12月2日、国が沖縄県の翁長雄志知事を訴えた代執行訴訟の第１回口頭弁論に知事が出廷した。

〈「沖縄が日本に甘えているのでしょうか。日本が沖縄に甘えているのでしょうか」。2日の福岡高裁那覇支部で開かれた代執行訴訟の第1回口頭弁論。翁長氏は約10分間、一言ずつ区切るように問いかけた。／翁長氏は、「沖縄が米軍に自ら土地を提供したことは一度もありません」と強調。沖縄に過剰な基地負担を強いる状況を解消しないと「日本を取り戻すことなどできない」と述べ、安倍晋三首相のキャッチフレーズを逆手にとった。その上で、現状が正常かどうかを「国民すべてに問いかけたい」と訴えた。／視線の先にあるのは県外世論だ。裁判後、翁長氏はテレビ局のインタビューを立て続けに受けた。全国ネットのニュース番組に出演し県の立場を説明するためだ。全国中継への生出演は知事就任後初めてという。／今年10月に前知事の埋め立て承認を取り消した後、県幹部らに様々な法的措置の検討を指示。今回の代執行訴訟を「本丸の闘い」（県幹部）

と位置づけてきた。この日の意見陳述は、知事の決意表明の場として県側の要請で実現した。〉（12月3日『朝日新聞』デジタル）

この訴訟には2つの側面がある。沖縄側は、この2つの側面の違いをよく理解した上で、巧みな戦略を組んでいる。

法的論理と政治闘争

第一は、法的論理をめぐる争いだ。この点については、沖縄県の弁護団が緻密な論理を展開していくであろう。もっともこの種の裁判で、司法の独立性はきわめて疑わしい。それだから、結果については予断を許さない面もあるが、この点は「あの人たち」すなわち中央政府の日本人たちが設定した土俵の上での試合なのでどうしようもない。

裏返して言うならば、沖縄が自己決定権を完全に回復すれば、「あの人たち」の設定した土俵に無理矢理乗せられることもなくなる。司法を用いて、日本国全体のために沖縄が犠牲になるのは当然という論理を強要する中央政府の姿勢に対して沖縄人は、生き残るためには自己決定権の回復が不可欠であるとの認識を強めつつある。この訴訟でいかなる結果が出ようとも、沖縄の中央政府からの遠心力が強まる。

第二は、法廷という場を用いた沖縄が政治的主張を展開できるという側面だ。翁長知事の口頭弁論については全国紙も報道せざるを得なかった。辺野古新基地建設を支持する社論の新聞であっても、客観報道主義という建前に立っているので、知事の主張についてはそれなりの紙幅を割いて報じた。こういう形態であっても翁長知事の主張が日本全国に報道されるのは、沖縄の利益に適う。

このような沖縄の戦略を、全国紙の中では、沖縄の主張を理解しようとする傾向が強い『朝日新聞』ですら、正確に読み解くことができていない。『朝日』の上遠野郷記者は、沖縄側の狙いについてこう記す。

〈ただ、勝算については県庁内にも悲観論が根強い。仮に裁判で敗れても沖縄への理解と共感が全国に広がるよう布石を打っているとも言える。／その背景には、県外世論を味方に付けられるという自信がある。朝日新聞が10月に行った全国世論調査（電話）では、埋め立て承認取り消しを「評価する」が50％。「評価しない」（34％）を上回った。移設反対運動のための「辺野古基金」には、発足から約7カ月で全国から約5億円集まった。／法廷闘争を「政治発信」の舞台にする――。そんな翁長氏の胸の内を、周辺はこう解説する。「政権と沖縄、どちらが先に国民の支持を失うか。裁判は全国に訴える絶好の機会。県外への発信を意識して増やしていくだろう」〉（前掲『朝日新聞』デジタル）

確かに沖縄県の関係者が、『朝日』を含む日本のマスメディアに対して、「仮に裁判で敗れても沖縄への理解と共感が全国に広がるよう布石を打っている」という趣旨の話をしているのだろう。しかし、これが戦略的発言であり、腹の中で沖縄人が何を考えているのかが、日本人記者にはよく理解できていないようだ。

「実力行使」を示唆

この訴訟で、沖縄側が勝てば国側が上告、国側が勝てば沖縄側が上告することになる。いずれにせよ、判決は最高裁判所で確定することになる。最高裁で沖縄が敗れることになれば、日本のマスメディアと世論の基調は、「沖縄側に言い分があるとしても、最高裁で決定したことに沖縄県は従うべきだ」という主張になる。「仮に裁判で敗れても沖縄への理解と共感が全国に広がる」というような幻想を翁長知事も沖縄人も持っていないと思う。むしろ、日本世論を敵に回しても、辺野古新基地建設を阻止するために非暴力の不服従抵抗運動を展開していくとの腹を固めている。11月7日に翁長雄志沖縄県知事の妻・樹子さんが辺野古の座り込みに参加したことがそれを象徴している。

〈樹子さんが辺野古を訪れたのはことし9月に開かれた県民集会以来、約2カ月ぶり。市民らの歓迎を受けてマイクを握り、翁長知事との当選時の約束を披露した。「(夫は)何が何でも辺野古に基地は造らせない。万策尽きたら夫婦で一緒に座り込むことを約束している」と語り掛けると、市民からは拍手と歓声が沸き上がった。「まだまだ万策は尽きていない」とも付け加えた樹子さん。「世界の人も支援してくれている。これからも諦めず、心を一つに頑張ろう」と訴えた。座り込みにも参加し、市民らと握手をしながら現場の戦いにエールを送っていた。〉(11月8日『琉球新報』電子版)

翁長樹子氏の発言は、「万策尽きた」場合、すなわち最高裁で辺野古新基地建設が是認された場合、沖縄側は翁長知事を先頭に工事を阻止するための非暴力的な「実力行使」に出るということを示唆している。その過程で、万単位の人が集まり、数千人が工事現場を占拠する動きに出た場合、通常の警察力(機動隊を含む)では、対応できなくなる。状況がこのような方向に発展していくという「読み」が日本のマスメディアにはできないようだ。

訴訟という手段で沖縄から自治権を取りあげようとする中央政府の植民地主義的対応に、沖縄の政治に構造的な変化が生じつつある。12月14日に、辺野古新基地建設に反対する幅広い団体を網羅する「オール沖縄会議(仮称)」の結成総会が行なわれることになった。

〈共同代表に就任予定の呉屋守将金秀グループ会長、高里鈴代島ぐるみ会議共同代表らが6日、記者会見して発表した。総会には翁長雄志知事も出席予定で、千人以上の規模を想定している。／呉屋氏は会見で、米軍垂直離着陸輸送機ＭＶ22オスプレイの配備撤回や普天間飛行場の県内移設断念を求めた建白書の実現に向けたこれまでの運動が分散的で、組織化されていなかったことに触れ「オール沖縄会議に再結集し、力強い運動で目標を達成したい」と結成の意義を強調した。〉（12月7日『琉球新報』電子版）

この「オール沖縄会議」が、沖縄の自己決定権を強化するための政治的中核になると思う。

（２０１５年12月11日号）

北朝鮮の核実験で、島尻安伊子沖縄担当相に警戒が必要

２０１６年1月6日、北朝鮮が水爆実験を行なったと発表した。〈北朝鮮の朝鮮中央テレビは6日正午（日本時間同日午後0時半）からの「特別重大報道」で、「6日午前10時に初めての水素爆弾実験に成功した」と伝えた。朝鮮中央通信は6日、金正恩第一書記は昨年12月15日に水素爆弾実験を実施する命令を出し、今月3日に最終命令書に署名したと伝えた〉（1月6日「朝日新聞デジタル」）ということだ。

金正恩第一書記は、去年12月10日に、北朝鮮が水爆を保有していることを示唆する発言をした。〈朝鮮中央通信によると、金第1書記は兵器産業の現場を視察した際に、北朝鮮は「国家の主権と尊厳を守るため、原爆と水爆を自力で爆発させられる強大な核保有国」になったと発言した。／各国の専門家の間では、北朝鮮が水爆の開発を進めているらしいとの観測が数年前から浮上していたが、まだ製造できる能力はないと見られていた。水爆は原爆の数百倍の威力をもつ。／英国王立国際問題研究所のジョン・ニルソンライト氏によると、北朝鮮が水爆を保有していると主

張したのは今回が初めてと思われる。しかしその主張を裏付けるような説得力のある証拠はほとんどないと同氏は指摘した。／今回の発言の意図について同氏は、北朝鮮の立場と自らの政治的権威を固めるために注目を集め、他国との交渉で優位に立とうとする狙いがあると分析する。〉（２０１５年12月11日「ＣＮＮ」日本語版ウェブサイト）

しかし、水爆実験に成功したという北朝鮮の発表を額面通りに受け止めることはできない。世界の軍事やインテリジェンスの専門家は、北朝鮮に水爆を作る能力はないと見ている。

〈アーネスト米大統領報道官は６日の記者会見で「水爆実験を成功させたとの北朝鮮の主張はわれわれの初期分析と一致しない」と述べた。証拠の収集や分析を続ける。／（中略）地震波の分析や関係国の情報に基づき「北朝鮮が核実験を行ったと結論づけた」と説明。一方で「過去24時間に起きたことは、北朝鮮の技術的、軍事的な能力に関するわれわれの評価を変えるものではない」と語り、水爆開発には成功していないとの従来の分析に変わりはないとした。〉（１月７日「産経ニュース」（共同））

筆者もアーネスト報道官の見方を支持する。北朝鮮は水爆を保持したいという意思は持っているが、能力がそれに伴っていない。しかし、去年12月に金正恩第一書記が、「水爆を自力で爆発させられる」と公言している以上、辻褄を合わせなくてはならない。1月8日は、金正恩第一書記の誕生日で、同氏は33歳になる。誕生日の前祝いとして水爆実験を成功させる必要が内政的にあったのだろう。国際社会からの非難や制裁と核実験を強行することによる国内的な権力基盤の強化を比較考量した上で、核実験をした方がプラスになるという判断を北朝鮮指導部はしたのであろう。

ところで、水爆を開発したといっても、運搬手段（弾道ミサイル、爆撃機など）がなければ、兵器として使うことができない。水爆は原爆と比較すると小型化がはるかに難しいので、「日米韓が懸念しているような、原爆を小型化して、弾道ミサイルに搭載する実験をしているわけではなく、私たちに攻撃的意図はありません」というメッセージを北朝鮮が出しているのかもしれない。

筆者が懸念するのは、北朝鮮の核実験を口実に、米海兵隊普天間飛行場の移設に伴う辺野古新基地建設を強行しようとする動きが、政府・与党において一層強まることだ。この点について、軍事評論家の前田哲男氏が重要な指摘をしている。

〈今回の実験で日本政府が今後「安全保障環境が悪化しており、米軍普天間飛行場の辺野古移設を急ぐ必要がある」と強調する可能性がある。だが米海兵隊は朝鮮戦争でもイラク戦争でも敵前上陸を実施しておらず、陸軍のように使われているのが実態だ。北朝鮮の武力行使によって抑止が破られた際、海兵隊が有効な戦力になるとの想定はない。北朝鮮の「脅威」に対する海兵隊必要論は根拠がないと言わざるを得ない。〉（1月7日『琉球新報』）

前田氏の見解は冷静で客観的だ。北朝鮮が自称する水爆実験と辺野古新基地建設問題は、まったく関連しない独立した事象だ。そもそも海兵隊は、核戦力に対する抑止力にはならない。しかし、北朝鮮の「水爆実験に成功した」というプロパガンダ（宣伝）は、日本の政治エリート、報道関係者の不安感を増大させる。その結果、合理的かつ客観的な根拠を欠いた乱暴な言説が沖縄以外の日本で展開される危険が十分ある。具体的には、「北朝鮮の水爆実験で日本全体に対する脅威が増大しているのだから、沖縄は国防の島としての責任を果たせ。辺野古移設を受け入れるのが沖縄にとって唯一の道だ」「沖縄は自らの分際をわきまえて、つべこべ言わずに辺野古基地の建設に協力しろ」「沖縄が辺野古移設に反対するならば、普天間基地を固定化するからな。そこで事故が起きても自業自得だということをよく覚えておけ」という類の言説だ。

特に筆者が危惧するのは、島尻安伊子沖縄担当相の動向だ。日本から沖縄に移住し、何年住んでも、沖縄人の心情を理解しようとしない日本人植民者がいる。島尻氏もその一人だ。島尻氏に対する沖縄における違和感について、『朝日新聞』那覇総局長の松川敦志氏が興味深い指摘をしている。

〈戦争で大きな犠牲を払い、戦後は27年間の米軍統治を強いられた沖縄を振興するための国家予算は、基地問題に対する沖縄の態度次第で増減する⁉　これが「リンク論」で、一読してわかる通り、とんでもない政治手法だ。どう考えてもとんでもないから、政府は「リンク論などない」と否定するのだが、ふとした時に本音がのぞく。／最近では、島尻安伊子沖縄・北方担当相（50）の発言が問題となった。米軍普天間飛行場（沖縄県宜野湾市）の移設計画に反対する知事の姿勢が予算に影響するかと会見で問われ、「全くないとは考えていない」と述べたものだ。仙台市出身で結婚を機に移り住んだ沖縄で政治家となり、当選2回で大臣に登用された島尻氏が、どんな思いからこのような発言をしたのか。その本心は、何かの折りにじっくりとうかがいたいと思っている。／ここでわざわざ「仙台市出身」と書いたのは、沖縄に生まれ育った政治家だったら果たして、と思わずにはいられないからだ。〉（２０１５年12月28日『朝日新聞』デジタル）

植民地主義者である島尻氏は、日本全体の利益のために沖縄が安全保障上の過剰な負担をするのが当然と考えている。島尻氏が、北朝鮮の核実験と辺野古新基地建設強行をリンケージする発言をすれば、中央政府と一部の全国紙はそれを最大限に利用する。そして、沖縄人に死傷者が発生しても躊躇せずに、日本全体のために辺野古新基地建設を推進すべきであるという言説を展開する有識者が出てくる。もっとも、中央政府からの理不尽な圧力を「オール沖縄の力」ではね返すことができると筆者は確信している。

（２０１６年1月15日号）

国と沖縄県の和解成立は安倍晋三首相の政治決断だが

日本の中央政府が沖縄に対して大きな譲歩をした。正確に言うと、安倍晋三首相の政治決断で、この譲歩がなされた。

米軍普天間飛行場（沖縄県宜野湾市）の移設計画をめぐり国が翁長雄志沖縄県知事を訴えた代執行訴訟で2016年2月4日、国、県双方が福岡高裁那覇支部が示した和解案を受け入れ、和解が成立した。安倍晋三首相自身が、この日、和解案受け入れを明言し、中谷元防衛相に移設先とされている辺野古での基地の建設工事中止を指示した。〈(沖縄）県には、2月29日に福岡高裁那覇支部であった3回目の和解協議の際、裁判長から和解案が再び示されていた。1月に提示された案より具体性が増していたため、県側はこの間に国が持ち出した和解条件が反映されたものととらえ、国が和解に応じる可能性もあると踏んでいた。しかし、これほど早く応じてくるとは予想していなかったという。／午後1時前には、移動中の翁長氏に、官邸から「面会したい」という安倍晋三首相の意向が伝えられた。翁長氏は要請活動を終えたあと、他のメンバーと別れ、午後4時半に再び官邸を訪問した。／会談後、翁長氏は報道陣の取材に応じ、和解条項にある「円満な協議」について、「(昨年8～9月の）集中協議は形式的だった。今後の協議の中でいろんな話をすると思うが、一定の理解の中から結論が出るのではないか」と期待感を示した〉（5日『朝日新聞デジタル』）。

裁判長のメッセージ

政府が辺野古新基地建設工事を強行すれば、反対派の住民との間で流血が発生することは必至で、死者が発生する可能性すら排除されなかった。この現状を沖縄防衛局、外務省沖縄事務所は正確につかんでいる。しかし、菅義偉官房長官、中谷元防衛相は、辺野古新基地建設を力で押し切ることができると認識している状況で、その不興を買うような情報を防衛官僚、外務官僚が、中谷防衛相、菅官房長官に伝えるはずがない。また、仙台出身で、婚姻で沖縄に在住するようになった島尻安伊子沖縄担当相（参議院、自民党）は、植民地主義的視座でしか沖縄と沖縄人を観ることができない。したがって、沖縄を選挙区とするという事実を最大限に活用しつつ、辺野古新基地建設を強行すべく画策していた。今回、安倍首相のもとに、菅氏、中谷氏、島尻氏とは別のルートから沖縄の現状に関する正確な情報が寄せられたと筆者はみている。このまま辺野古新基地建設工事を強行し、沖縄人に死者が発生するような事態になれば、沖縄人の安倍政権に対する忌避反応は極点に達し、安倍首相の権力基盤を弱体化することになる。この現実に安倍氏は気付いたのである。筆者は、中央政府が辺野古新基地建設を続ければ、今年の夏か秋には深刻な事態に至ると懸念していた。このような危機がとりあえず回避されたことはよかった。安倍首相の現実的な判断に敬意を表する。

下地島移転は不可能

『琉球新報』は、3月5日の社説で、国が和解案を受け入れたことは沖縄の政治的勝利であるとしつつも、中央政府による今後の画策に対して警戒心を高めねばならないと主張する。〈「暫定案」は国が工事を停止して代執行訴訟を取り下げた上で、代執行より強制力の低い手続きを踏んで再度、県に是正を求めるという内容だ。／福岡高裁那覇支部の多見谷寿郎裁判長がこの和解案を示した時点で、結論は必然だったとも言える。国と県の対立に決着を図る上で最も強権的な手法が代執行だ。他の手段を経ず、いきなり最終手段たる代執行を求めた国に対し、裁判長は代執行以外の手段を勧めたわけである。「このまま行けば国敗訴だ」と警告したのに近い。／一方で裁判長は、県側が申請していた環境や軍事専門家の証人申請を却下していた。前知事の埋め立て承認に瑕疵があったことを立証するのに不可欠な証人たちだ。却下は、翁長雄志知事の承認取り消しの適法性に対する関心の低さの表れとも見える。不適法との心証を抱いていたのかもしれない。／さらに裁判長は、違法確認訴訟で県が敗訴すれば県は確定判決に従うかと問い、県は「従う」

と答えた。このやりとりを国側にあえて見せたのではないか。代執行訴訟では国が敗訴しそうだが、仕切り直して是正の指示の取り消し訴訟になれば、いずれは国有利での解決もあり得る、とのメッセージを送ったようにも見える。／だから国は代執行訴訟取り下げという「退却」を選択したのだろう。／今後、県と国は再び協議の席に着く。溝が埋まらなければ、「是正の指示」、係争処理委員会、是正の指示の取り消し訴訟などの、より強権度の低い手続きへと進むことになる。その間、工事は止まる。いずれにせよ、あれだけ強硬だった政府の工事を暫定的ながら止めたのだから、沖縄側の勝利であり、成果には違いない〉。

安倍首相は暫定案を受け入れると発表した会見で、「辺野古移設が唯一の選択肢という考え方に変わりはない」と述べた。この発想に立っている限り、問題が解決することはない。そもそも沖縄の海兵隊は、当時、1950年代まで岐阜県と山梨県に駐留していた。本土での反米軍基地闘争が激化したので、米国の施政権下にあり、日本国憲法が施行されていなかった沖縄に移転した経緯がある。また、沖縄の米空軍嘉手納基地があれば、中国と北朝鮮に対しては、必要かつ十分な抑止力を維持することができる。現在、沖縄で起きていることは、国際基準では民族問題だ。辺野古移設を断念し、普天間基地を閉鎖し、米海兵隊を沖縄県外に出す以外に現実的な解決策はない。

今後、懸念されるのは、中央政府側から「緊急避難」という名目で、普天間の米海兵隊を、米空軍嘉手納基地への普天間海兵隊の統合、宮古島と橋でつながる下地島（3000メートル級の滑走路がある）への移設という案が浮上してくるかもしれない。しかし、辺野古新基地問題建設で問題になっているのは、中央政府による沖縄に対する構造化された差別だ。差別を沖縄県内につけ回すという手法を翁長沖縄県知事も沖縄県内の沖縄人も、日本と世界に在住する沖縄人も絶対に認めない。下地島については、民間の有力なプロジェクトが動き始めている。〈翁長雄志知事は（2月）29日の県議会（喜納昌春議長）一般質問で、２０１６年度から離島や過疎地域で光ファイバーケーブルの敷設に取り組むとし、「観光教育、医療福祉等、情報通信技術の促進、観光情報インフラ整備、定住条件の整備に寄与する」との認識を示した。／下地島空港の利活用で三菱地所が提案している旅客ターミナル施設整備事業計画について、末吉幸満土木建築部長は「国際線と国内線の旅客施設を整備し、国際線定期便や国内線ＬＣＣ、プライベート機を受け入れるもの」と説明。事業計画によると、17年1月に着工、18年に供用開始を目指しているとした。〉（2月29日『沖縄タイムス』電子版）。一部の防衛官僚が、下地島への米海兵隊の「緊急避難」を考えているようだが、すでに下地島は民間空港として発展する選択をしている。

（２０１６年3月11日号）

第9章　米軍属による女性殺人遺棄事件

オバマ大統領への面会要請を拒否した安倍晋三首相

沖縄と日本の乖離がかつてなく広がっている。直接のきっかけは、米軍属による「殺人」女性遺棄事件だ。沖縄県うるま市の女性会社員（20歳）が4月末から行方不明になっていた事件で、沖縄県警は2016年5月19日、沖縄県内に住む米軍軍属の男（32歳、元海兵隊員）を死体遺棄容疑で逮捕した。同日、軍属の男の供述に基づき、沖縄県恩納村《おんなそん》の山中で、女性会社員の遺体が発見された。日本の報道では、死体遺棄事件とされているが、容疑者の米軍軍属は、殺害をほのめかす供述をし、関連する報道を総合的に判断すると本件は「殺人」事件であると筆者は認識している。さらに米軍属が死体となる前に女性を遺棄した可能性があるので、死体遺棄と断定するのは時期尚早と思う。したがって、本稿では、事柄の本質がよくわかるように本稿では「殺人」女性遺棄事件とする。

まず、日米両国のエリートがこの「殺人」女性遺棄事件を矮小化しようとしていることに対して、沖縄の世論は激怒している。日本政府が「徹底的な再発防止などを米側に求め」ても、再び殺人事件や強かん事件、暴行事件が繰り返されるという現実を沖縄は冷徹に認識している。日本の陸地面積の0・6％を占めるに過ぎない沖縄県に在日米軍基地の73・8％が所在しているという不平等な状況が、今回の「殺人」女性遺棄事件が発生した構造的要因だ。米軍基地を抜本的に縮小する以外に、沖縄を納得させる方策はない。この事件によって、辺野古新基地建設強行に対する沖縄の反発は、飛躍的に高まった。今回の事件を起こした米軍属は米空軍嘉手納基地に所属する元海兵隊員だ。沖縄の民意は、辺野古新基地建設阻止、普天間飛行場の閉鎖・返還にとどまらず、沖縄からの全米軍基地撤去に傾きつつある。米国は、容疑者が現役の軍人でなく軍属であるという理由で、責任を回避しようとする姿勢も、沖縄の住民感情を著しく刺激している。1995年の沖縄における少女暴行事件を上回る米軍に対する反感が沖縄で高まっている。沖縄では自己決定権の確立と行使を求める声が急速に高まっていく。

5月23日、首相官邸で翁長雄志沖縄県知事が安倍晋三首相と会見した。〈翁長氏は「今回の事件は絶対に許されるものではない。綱紀粛正や再発防止などのと（ママ）はこの数十年間、何百回も聞かされた。しかし、現状は何も変わらない」と述べ、日米両政府の責任で日米地位協定の見直しを含め実効性のある抜本的な対策を講じるよう求めた。また、自身がオバマ氏に直接話す機会を設けるようにも要求した〉（5月23日『産経ニュース』）。翁長知事が、安倍首相に、オバマ米大統領に直接話す機会を設けるように要請したのは、日本の中央政府経由では、沖縄の民意が正確に米国に伝わらないという強い危機意識からだ。しかし、翁長知事の要請を菅義偉官房長官は、外交は政府の専管事項であるという紋切り型の対応で一蹴した。筆者は、元外交官だったのでよくわかるが、首相官邸が外務省に対して「沖縄県知事とオバマ大統領が面会する時間を20分作れ」と指示すれば外務省は米国側と調整して時間を捻出することは可能だ。首相官邸も外務省も沖縄の民意を翁長知事が米大統領に伝えることを妨害した。中央政府は沖縄の底力を軽視している。このような沖縄に対する侮辱的で冷淡な対応に対して中央政府は相応のツケを払わせられることになる。

『朝日』の酷い報道

沖縄に対する認識がずれているのは、安倍政権中枢部だけではない。主観的には沖縄に「寄り添う」報道をしているつもりであろう『朝日新聞』の報道が酷い。たとえば、6月5日に投開票が行なわれた沖縄県議会選挙（定数48）に関する6月2日の『朝日新聞』の報道だ。〈(自民党は)今回の県議選では現在の13議席から伸ばそうと19人を公認した。党本部も地方選としては異例の支援をした。／そのさなかに起きた事件。逮捕後、県連幹部が集まり、事件への抗議を決める一方、「事件と選挙は別」と確認した。各陣営からは「県議選は地縁血縁」「影響はない」との声が多いが、県連幹部は「基地は嫌だという感情は、簡単に政府、自民党への批判につながる」と懸念する〉（2日『朝日新聞デジタル』）。選挙戦について、自民党には、それなりの立場があるのだろう。問題は、〈各陣営からは「県議選は地縁血縁」「影響はない」との声が多い〉という内容を『朝日新聞』の記者が客観報道として報じていることだ。

保守であろうと革新であろうと、沖縄人が今回の「殺人」女性遺棄事件について、「県議選は地縁血縁」「影響はない」と認識しているとこの記事を書いた記者はほんとうにそう思っているのだろうか。そうだとするならば、この記者は、かなり鈍感だ。沖縄人の心理がわかっていない。選挙は戦いだ。自陣営に対して不利になるようなことは、マスメディアに対して言わない。しかし、20歳の沖縄人女性の命が奪われたのだ。「殺人」は、他のいかなる事件とも位相を異にする。殺された人の人生は二度と戻ってこないのだ。このことから衝撃を受けていない沖縄人は1人もいない。これは、保守とか革新とかいった政治的立場とは関係のない沖縄人の名誉と尊厳、アイデンティティーの問題なのだ。選挙結果は、翁長知事を支持する県政与党が現有の24から27に議席を伸ばした。〈翁長雄志知事は5日の沖縄県議選で県政与党が過半数を占めたことを受けて「24（議席）でほっとする、25で勝利宣言、26（議席）以上は大勝利と考えていた。1年半の県政運営にご理解いただけたかと思う」と述べた〉（6月6日『琉球新報』電子版）。

翁長知事の権力基盤が強化されたことは好ましいが、筆者には懸念している事項がある。首相官邸、外務官僚、防衛官僚は、翁長知事が「沖縄の全基地閉鎖を要求する」と主張することを心待ちにしている。沖縄から正式に全米軍基地閉鎖要求が出てくれれば、「そんなことは非現実的だ。

日本の国益のために沖縄を力で押さえつける」という政策を取ることが可能になると考えている。そうした場合、保守系の世論は、中央政府を断固支持し、大多数の日本国民は「面倒なことには関わりたくない」と消極的に支持するであろう。

米軍属による「殺人」女性遺棄事件と沖縄県議会選挙の結果によって、辺野古新基地移設の強行は難しくなったと外務官僚も防衛官僚も考えている。ここで沖縄から全基地閉鎖要求が、出てくれば、日本世論の後押しを背景に徹底した強硬策を取るという選択肢が生まれ、辺野古新基地も建設できるというのが、外務官僚、防衛官僚の論理だ。筆者は元外務官僚だったので、あの連中が何を考えているかが皮膚感覚でよくわかる。この現実を客観的に分析した上で、翁長知事は、日本との外交交渉に望んでほしい。

米軍基地がある限り、この種の事件が繰り返される。最終的には、沖縄から全ての米軍基地を出て行かせる道筋を現実的にどうつけるかについては、種々の政治的、外交的かけ引きが必要になる。

（2016年6月10日号）

非暴力・不服従を前面に

佐藤優×元山仁士郎

辺野古がＳＥＡＬＤｓに与えた影響

佐藤　元山さんは、ＳＥＡＬＤｓ《シールズ》（自由と民主主義のための学生緊急行動、Students Emergency Action for Liberal Democracy - s）の中心メンバーであり、ＳＥＡＬＤｓ ＲＹＵＫＹＵでも活躍していますね。

元山　実は、ＳＥＡＬＤｓは辺野古への新基地建設反対運動から如実に影響を受けています。そのことを説明するために、僕の運動を少しさかのぼって説明させてください。

佐藤　ぜひ教えてください。大学は確か……。

元山　国際基督教大学（ＩＣＵ、東京・三鷹市）に行っています。

自民党は政権与党に返り咲いた２０１２年冬の総選挙で、政権公約に憲法96条の先行改正を掲げ、さらに安倍晋三首相が就任直後の衆議院本会議で憲法96条の改正に取り組む方針を明言しました。憲法改正の発議要件を、各議院の総議員の「３分の２以上の賛成」から「過半数」に緩和する内容です。そのことに疑問を持った僕は２０１３年６月にＩＣＵ

で友人とともに集会を開きました。ご存命だった憲法学の泰斗、奥平康弘先生（東京大学名誉教授、1929～2015年）にも来ていただきました。

佐藤　憲法改正発議のハードルを低くした方が民主主義に資するという人もいますが、私も96条改正に絶対反対です。それはなぜか。国民投票を実施すれば、改正側が過半数を取り、憲法が変わると予想するからです。

改正案について国民が正しく理解したうえで憲法が改正されるのならば、それは国民の選択かもしれません。危険なのは、マスメディアがいま、体制側の攻勢によって事実上、体制側の利益を代表していることが非常に多いからです。国民が判断するのに必要な情報が十分に提供されない危険性があります。そして、国会の中で3分の2以上を取るというハードルは高い。だけど、過半数のハードルは決して高くありません。重要事項を変えるにはやはり3分の2以上の賛成が必要だとしておかないと、国会議員たちがまじめに論議しない。この国のいまの国会の現状をみると、そう思います。でも、2人という少人数で運動をはじめたのは勇気がありますね。

元山　ありがとうございます。その後、特定秘密保護法案に対して疑問を持つようになり、参議院本会議で可決成立した2013年12月6日にICUで学生主体のシンポジウムを開きました。その夜、僕は疲れていたので帰ってしまったのですが、96条改正に反対したときの友人が国会前に抗議行動に行きます。そこで友人が知り合った人たちと「特定秘密保護法に反対する学生有志の会」（SASPL《サスプル》、Students Against Secret Protection Law）をつくることになり、僕も立ち上げから関わりました。SASPLはデモや勉強会などさまざまな活動を続けてきましたが、特定秘密保護法が施行された2014年12月10日に解散します。

そして4日後の12月14日にあった衆議院の総選挙では沖縄のすべての小選挙区でオール沖縄の野党候補が当選しました。

佐藤　ただ、小選挙区で落選した与党候補は比例で全員復活当選しています。

元山　そうなんです。全国的に見れば自民・公明が圧勝します。そして年が明けた2015年1月10日朝から深夜にかけて、仮設桟橋に関連する資材を積んだとみられる大型トラックや工事用の重機などが米軍キャンプ・シュワブ内に次々に入りました。

そして1月15日午前1時ごろ、沖縄県警の警官約100人がゲートをふさいでいる蛇腹状の鉄柵にしがみついた市民らの排除を始めたんですね。僕はその様子をツイキャスというインターネット中継サイトで見ていたのですが、もの凄くショックで放心状態になり、大学の課題もなにも手が付かなかったんです。それで、SASPLのLINEグループに、そのツイキャスのリンクを貼ったんです。「これ見て」と。搬入が終わった後に一人のSASPLメンバーから電話が掛かってきて、「仁君、辺野古に行こう」と言われました。それでその友人と1月22日から辺野古に一緒に入りました。

そして、ほかにも行きたい人がいるか希望を募ったら20人ぐらい集まったんです。ちょうど春休みに入ることもあって、最低でも週に2人は辺野古にいられるようにローテーションを組みました。

佐藤　辺野古現地での印象はどうでしたか。

元山　抗議する市民に対する沖縄県警の警察官の姿などを目の当たりにし、日本は本当に民主主義国家なのかとショックを受けた人たちが多くいましたね。

佐藤　ＳＥＡＬＤｓの活動のスタートの時点から沖縄から影響を受けているのですね。

元山　それも確実にあると思います。ＳＥＡＬＤｓの立ち上げは２０１５年5月3日（憲法記念日）なので、辺野古にいたときはｅｘ-ＳＡＳＰＬ（元サスプル）としての活動でしたが、辺野古の反対運動に接したことが、ＳＥＡＬＤｓの活動に大きな影響を与えています。

琉球弧を意識したSEALDs RYUKYU

佐藤　ＳＥＡＬＤｓ ＲＹＵＫＹＵはどういった経緯で立ち上がったのですか。

元山　２０１４年11月16日投開票の沖縄県知事選挙で翁長雄志《おながたけし》知事が誕生しました。この知事選を前に、沖縄では学生有志の団体「ゆんたくるー」が結成されました。僕も参加しています。辺野古・高江という、ぎりぎりの抵抗が続く最前線の現場に赴き、カレーや鍋を囲みながら「ゆんたく」（沖縄の言葉で「おしゃべり」の意）をすることが活動の中心です。立場を決めずに、まず話そうという立ち位置です。

「知事選よりも遊びたい！」というキャッチコピーで、シャボン玉や凧揚げなど遊びの要素も盛り込んだバスツアー（2014年11月9日）を自分たちで企画しました。基地や政治のことを扱うとは思えないポップなフライヤーを、Twitter や Facebook、LINE で拡散し、新聞やテレビでも取り上げてもらったところ、当日は満員の約50人がバスに乗り込みました。沖縄出身の学生や社会人、県外出身で県内の大学に通う学生、イタリアやコスタリカ出身の留学生もいました。辺野古を初めて訪れる学生・若者は約5割、高江に関しては約8割もいました。同様の企画は、その後、急遽《きゅうきょ》決まった衆議院議員選挙前の2014年12月6日にも実施しました。

佐藤　まず現場を訪れて、反対運動の実態を自分たちで確かめようというのが目的ですか。

元山　はい。2015年1〜3月は、さきほど話したように元SASPLメンバーとの交流もありました。そして、SEALDsとSEALDs KANSAIが2015年5月3日に立ち上がりました。

佐藤　SEALDsの活動のなかに最初から一種の地域主義が埋め込まれているのですね。

元山　そうだと思います。SEALDs TOHOKUは2015年7月20日に結成されています。沖縄でも、安保関連法案が2015年5月14日に閣議決定されたこともあって、「ゆんたく」だけではなく、明確な主張を打ち出す団体をつくりたいという気運が高まってきました。僕は、具体的な動きが沖縄であれば協力し、参加したいと思っていたのですが、その頃はなかなか動きがみえなかったのです。

安保関連法が成立すると、一番影響を受けるのが沖縄であり、なかでも辺野古や高江なので、自分から以前の活動で知り合っていた友人たちに声をかけました。

佐藤 沖縄が一番影響を受けるという指摘はその通りです。ただ、沖縄はそういった反対運動が立ち上がるスピードが比較的ゆっくりですからね。

元山 本当は慰霊の日（沖縄戦の組織的戦闘が終結した6月23日）に結成したかったのですが、慰霊の日の時点ではまだ動きがなかったので、8月15日に発足しました。

佐藤 ただ、沖縄にとって8月15日はどういった意味がありますか。「天皇神話に組み込まれるのではないか」という議論はメンバーのなかで起きませんでしたか。

元山 そこまでの議論はありませんでした。

佐藤 8月14日だったら、国家行為としてポツダム宣言を受諾した日だから意味があった。もしくは、日本が降伏文書に調印した9月2日でも意味があります。さらにいうと、沖縄戦の降伏文書に調印し、沖縄戦が正式に終結した9月7日でもよかったかもしれません。ちなみに、日本軍は、第32軍司令官の牛島満中将が自決していたため、沖縄守備軍を代表して署名したのは先島群島司令官の納見敏郎中将と奄美群島陸軍司令官の高田利貞少将、海軍司令官だった加藤唯男少将でした。そして、米軍を代表して第10軍司令官J・W・スティルウェル陸軍大将が受諾しました。

元山 安保関連法案は、7月16日に衆議院本会議で可決され参議院に回っていましたから、9月では遅すぎるという意識がありました。

佐藤 8月15日は、玉音放送によって日本国民が敗戦を告知された日ですが、沖縄は告知される対象ではありませんでしたよね。

学生の団体ですから最初から〝全知全能〟である必要はありませんよ。ただ、8月15日が沖縄にとってどのような意味があるのかないのかについて意識しておく必要はあると思います。

元山 わかりました。ところで、団体名を決めるときには「沖縄」にするか「琉球」にするかでも議論がありました。都道府県の行政名ではなく、琉球弧（九州の南から台湾へ弧状に連なる島列）を視野に入れた名称がいいのではないかということになりました。

佐藤 奄美諸島も入っているのですね。

元山 はい。私の父方の祖父が奄美出身ですし、奄美には自衛隊の配備計画もあります。また、辺野古新基地にともなう埋め立て土砂を奄美から搬入する計画があります。奄美をかなり意識していますが、SEALDs RYUKYUにまだ奄美のメンバーはいませんし、僕自身がまだ奄美に行けていないので、ぜひ訪れたいと考えています。

佐藤　奄美には足を運んで地元の人たちから話を聞いた方が良いと思います。奄美大島や徳之島の人たちが琉球弧についてどう思うかについては、また複雑な感情があるはずですから。

さて、沖縄という単語は日本政府との関係で出てくる言葉遣いです。それに対し、琉球は独立王国として対外的な関係で長い間用いられてきた言葉です、自己決定権という面から琉球という単語は自然に出てきますね。

元山　琉球という言葉は、銀行や新聞、プロバスケやプロサッカーチームでも用いられているので違和感をもたれないと考えました。一方でSEALDsを用いることに対しては、東京中心主義になるのではないか、東京の指示で動かされるのではないかという心配の声もありました。でも、さきほども言ったように、SEALDsの中心メンバーとは辺野古などで直接交流していましたから、顔と名前が一致していましたし、どういった考えを持っているかもわかっていました。東京中心主義になる心配はないだろうということでSEALDs RYUKYUという団体名になったのです。

翁長雄志知事とガンジーの共通点

佐藤　それで辺野古問題について基本的にはどう認識しているわけですか。

元山　米軍普天間飛行場は閉鎖・撤去して、辺野古新基地は造らなくて良いと考えています。

佐藤　それは圧倒的多数が合意する沖縄のコンセンサスですよね。では、辺野古新基地には海兵隊輸送のためにワスプ級強襲揚陸艦が接岸できる岸壁が造られると言われていますよね。辺野古新基地を造らせないとなると、足のない海兵隊はどうしますか。

元山　海兵隊が沖縄にいる必要性自体がないと思います。

佐藤　同感です。そもそも海兵隊はなぜ沖縄にいるのでしょうか。

元山　中央政府は、朝鮮半島や東シナ海での有事に対応するためと説明していますね。しかし、東シナ海有事に対応するには隊員数がたりません。

佐藤　そうです。隊員数も少ない。しかも、強襲揚陸艦は長崎の米海軍佐世保基地に配備されています。日本にいる海兵隊は明らかに朝鮮半島有事にしか対応していません。そして朝鮮半島有事への対応でしたら沖縄にいる必要はありません。そもそもいまの訓練内容はモンゴルとオーストラリアで行なう砂漠対応の訓練です。歴史的にみても山梨県と岐阜県にいた海兵隊が沖縄に移ってきています。

沖縄の主張は単純なのです。「これ以上の過重負担には耐えられない。だから海兵隊は出て行け」。安倍政権打倒であるとか、日本の民主主義を守るためといった理由は、沖縄にとっては関係ありません。そういった課題は、それぞれの地域で取り組めば良いのであって、日本人活動家が自分たちの闘争課題を沖縄に持ってこられては困ります。

元山　国土面積のわずか0・6％の沖縄に在日米軍専用施設の74％が集中しているのは明らかに過重負担です。不平等な日米地位協定はいまだに改正されておらず、米軍・軍属による事件・事故も相変わらず起きています。

佐藤　中央政府や辺野古新基地建設賛成派は、「対案を出さないのは無責任だ」とか「日米安保はどうするんだ」などと批判していますが、それは中央政府が考えるべきです。「対案を考えろというのなら外交権をよこせ。沖縄の外交権を復活させろ」という話ですよね。

それから、もし海兵隊が沖縄から出て行くことで抑止力が低下するというなら、沖縄県独自の沖縄防衛隊を創設すれば良いのではないでしょうか。

元山　アメリカにおける州兵のイメージですか。沖縄に配備されている海兵隊の人数ははっきりしませんし、日米地位協定によって出入りがチェックできませんが、定数1万8000人と発表されることが多いようですね。

佐藤　そうです。だから沖縄県で防衛隊員を2万人ぐらい採用して、その費用は中央政府に出してもらう。下士官までは中央から来ても良いけど、隊員はすべて沖縄からの採用。そして最新の装備の使い方も教えてもらう。基本的には出身の島に配備して、災害復興やサトウキビ栽培などにも従事してもらうわけです。

元山　でも年配の人々は、軍に対するアレルギーが強いですよね。

佐藤　それはその通りです。ただし、日本の自衛隊ではなく沖縄人による郷土防衛隊ならば沖縄の保守層には受け入れられる可能性があると思います。

しかも「日本に対しても抑止力を持たないといけない」という発想が必要になるかもしれません。

元山　確かにそうかもしれませんね。

佐藤　そうなったときに初めて中央政府はコトの深刻さに気づくのではないでしょうか。中央政府は「沖縄は、自衛隊よりは米軍のほうが抵抗感が少ない」と考えています。それは、旧日本軍が沖縄で行なったことを考えれば当然ですが、中央政府はそのうえに安住していたと思います。だから、驚くようなことを言ってみたらいいと思います。

元山　中央政府の「海兵隊抑止論」に対して別の論を持ちだすわけですね。

佐藤　そうです。現時点で沖縄県独自の防衛隊を本当に持つ必要はない。ただ、中央政府の抑止論に対して、「海兵隊がいなくなっても問題ない」という論は正しいのですが、頭の体操としてさまざまな可能性を考えておく必要があると思います。2万人の防衛隊を沖縄県知事の指揮命令下に置くとなれば、中央政府は震え上がって「外交ですべて解決するから沖縄防衛隊だけは勘弁してくれ。どこに向かってくるかわかったもんじゃない」とな

ります よね。

元山　逆説的な、大変興味深い考え方ですね。

佐藤　いまある反対運動に話を戻しましょう。辺野古への新基地建設阻止闘争は、できるだけ多くの人々が結集できる最小限の要求行動でないといけません。もう少しかみくだけば、日米安保が必要だと考えている人でも、さらに言えば集団的自衛権に賛成する人でも、辺野古への新基地建設がおかしいと考えているならば合流できる運動ということです。

逆に、いわゆる過激派のメンバーでも沖縄の闘争を妨害しないなら入ってきてもかまわない。属性排除を絶対してはいけない、というのが辺野古の運動です。具体的な行動で辺野古の反対闘争に資する活動をするならば身内です。それは、辺野古現地に行くことだけではありません。

元山　幅広く連帯するにはどうするかについてしっかりと考える必要があるということですね。

佐藤　沖縄の自己決定権が原点だということです。その意味では、私は翁長知事の考え方には全面的に共感しています。司法手続きで沖縄の意に沿わない判決が出たとしても判決には従う、それは法治国家である日本の一員として従うわけです。他方で、沖縄人を代表する沖縄県知事としては別の選択肢があるということです。翁長知事は「万策尽きたら夫婦でキャンプ・シュワブのゲート前に座り込む」と言っています。見事にバランスが取れています。

元山　それは、翁長知事のお連れ合いの翁長樹子《みきこ》さんが２０１５年11月7日に名護市辺野古の米軍キャンプ・シュワブゲート前を訪れて、基地建設に反対する市民らを激励したときの発言ですね。〈樹子さんが辺野古を訪れたのはことし9月に開かれた県民集会以来、約2カ月ぶり。市民らの歓迎を受けてマイクを握り、翁長知事との当選時の約束を披露した。「（夫は）何が何でも辺野古に基地は造らせない。万策尽きたら夫婦で一緒に座り込むことを約束している」と語り掛けると、市民からは拍手と歓声が沸き上がった〉（『琉球新報』同11年月8日）。衝撃的な発言でした。

佐藤　翁長知事夫妻が、キャンプ・シュワブのゲート前に座り込めば1万〜1万５０００人が集まるでしょう。そうなれば、フェンスを乗り越えて米軍基地内に入っていく人たちが出る可能性が高い。そういったリスクを中央政府はわかっていません。

翁長知事が目指すモデルにしているのは、インド独立運動の指導者・ガンジー（１８６９〜１９４８年）だと思います。非暴力・不服従です。そして、無抵抗ではない。だから、日本の法律的な手続きに最後までつきあう必要はない、ということです。なぜならば「それは〝あの人たち〟の法律」だからです。

どういうことか。原発と米軍基地が、中央による犠牲の構図として同列に論じられることがあります。が、原発と米軍基地は違います。もちろん、原発は情報が隠されていることとを含めて問題は多い。しかし、原発は、立地している道県や市町村、その周辺自治体の首長と議会の同意を形のうえでは得ています。それに対し、沖縄は、いまある米軍基地についてただの一度も同意したことはありません。だから自ずと、原発と米軍基地に反対する闘い方は変わってくるのです。中央政府が順法的な手続きを取っていない範囲においては、沖縄も相互主義が適用できるわけですからね。

元山　でも基本はあくまでも非暴力・不服従ということだと思います。不要な暴力は、反対運動を分裂させる危険性を孕《はら》むのではないでしょうか。

沖縄人同士が殺し合ってはいけない

佐藤　私たちがいま絶対にやってはならないことは同胞殺しです。沖縄戦では、日本に過剰同化してしまった人たちによって集団自決などの悲劇が起きました。同胞殺しをしてはいけないという一点においては、辺野古新基地建設が必要だという人とも共通の言葉になるはずです。「同胞殺しはしない」「沖縄人が死んでもよいのか」ということです。

だから、キャンプ・シュワブゲート前の最前線にいる沖縄県警の警察官や沖縄出身のガードマンたちを口汚くののしるのはあってはならないことです。現地の人同士を対立させる手法は、植民地では必ず見られることなのです。沖縄人の警察官やガードマンの置かれている深刻な状況を考える必要があります。

元山 僕も、沖縄県警や海上保安庁に勤めている友人がいます。辺野古の現場でも、本土から反対に来た人たちが激しい言葉遣いをする光景もよくみますが、自分は何も言えなくなります。

佐藤 凄く難しい闘いなのです。激しい言葉を警官などに投げつけ、「言ってやった。あー気持ちが良い」ではダメなのです。行政の内側に味方をつくってゆかないといけません。

これは繰り返し現れる問題です。沖縄で初めて芥川賞を受賞した作家の大城立裕さん（1925年～）が、読売新聞社から『内なる沖縄――その心と文化』（1972年）という論集を出しています。そのなかで、本土から来た基地反対闘争で来た学生たちが琉球警察に対して「犬だ」とさんざんのしることに反発し、琉球警察こそ米軍の理不尽な行動に反発し抵抗しているのに、学生たちはなにを言っているのだと批判しています。

大城さんは、沖縄の文脈においては保守の代表とみなされています。沖縄国際海洋博覧会（1975～1976年）の企画・運営に中心的に携わり、自民・民社推薦で沖縄県知事に当選した西銘順治《にしめじゅんじ》県政（通算3期、1978～1990年）を支えていますからね。保守とみられている大城さんの芥川賞受賞作『カクテル・パーティー』（1967年）では、沖縄出身の主人公が中国戦線で携わった日本軍の加害責任に触れるなど重層的な構造になっています。

元山　単純な善悪の二元論にはやはりならないということですね。

佐藤　その大城さんは、著作ではたびたび米軍基地問題を取り上げていますが、これまで基地問題に関する県民大会などに中心となって関わることはありませんでした。それが、2015年5月17日に那覇市の沖縄セルラースタジアム那覇で開かれた辺野古新基地に反対する県民大会では、初めて共同代表に名前を連ねました。「オール沖縄」が本当に実現していることが可視化されました。

でも、元山さんがSEALDs RYUKYUとして活動していると、どこかにおいて元山さん自身が日本との関係で引き裂かれることが出てくるし、またルーツが奄美だとの意識があればさらに重層的に心が引き裂かれる要素がでてきますね。

元山　悩みますね。一例を挙げますと、辺野古では2015年1月15日に、2014年の県知事選や衆議院選への影響を懸念して一時中断されていた新基地建設に向けた海上作業が再開されました。現場周辺海域は抗議する市民19人が海上保安庁に一時拘束され、米軍キャンプ・シュワブゲート前では資機材搬入を阻止しようとする市民を県警が強制的に排除しています。知事選や衆議院選で、新基地建設反対の民意がはっきり示されたのに、中央政府は工事を再開しました。

でも、僕はその時、当時のex-SASPLのメンバーに「みんな、辺野古に行こうよ」とは言えなかったんです。自衛隊の沖縄配備の問題にしても、どの程度、沖縄について語っていいかについて、すごく葛藤がありますし、「沖縄だけにかたよりすぎではないか」とか言われることを想像できます。だから本土の人たちから辺野古に行きたいと言われるとうれしいですね。

一方、SEALDsは、中央政府の沖縄政策に声を上げています。2015年10月13日に翁長県知事が辺野古沿岸部における公有水面埋め立て承認を取り消しましたが、その翌日、沖縄防衛局は行政不服審査法に基づき国土交通大臣に対し審査請求をするとともに、執行停止措置の申し立てをしました。

そして同月27日、国土交通大臣が執行停止を命じ、新基地建設の工事が再開されたのです。

このときは、「SEALDs」「SEALDs KANSAI」「SEALDs TOHOKU」「SEALDs RYUKYU」「SEALDs TOKAI」の連名で抗議声明を出しました。準備ができなかったTOHOKUを除く各SEALDsが10月13日か14日にそれぞれの地元で街宣をしています。

ただ、それでも、自分としては沖縄の問題が折に触れて気になるし、もっと取り組んでほしいと思ってしまう葛藤があります。

佐藤　わかります。そして、沖縄人の皮膚感覚からすると、日本人活動家が自らの闘争課題として「沖縄」を外在的に持ってくると感じています。どれほど当事者性があるのかという話です。そういう本土の人にとって「沖縄」とは、特定秘密保護法反対や原発反対など同じ活動メニューの一つなんですね。それはそれでお断りすることではないけれども、辺野古に新基地が建設されることに自らの生存や存在そのものが掛かっている切実な問題ではない。逆に、当事者性を持つ「世界のウチナーンチュ大会」（沖縄県主催）の影響力が次第に増大しています。

元山　「第6回世界のウチナーンチュ大会」公式サイト（http://wuf2016.com/jp/）によると、２０１６年10月27日～30日の第６回大会では、海外参加者約５０００人、延べ入場者数約35万人を見込んでいるようですね。ちなみに、ＳＥＡＬＤｓ ＲＹＵＫＹＵの一部メンバーもこの大会に関わっています。

徳田球一の沖縄独立論と共産党

佐藤　保守か革新かとを問わず、日本との距離関係をどうとるかが重要になってきます。たとえば共産党は、辺野古への新基地建設が沖縄に対する差別であると絶対言わないですよね。それはおそらくこういう理屈です。「アメリカ帝国主義とそれに従属する日本の独占資本によって日本の人民も沖縄の人民も同じく圧迫されている。そのなかで差別という視点を持ち込むと擬似的な争点をつくることになる」。それは共産党の人たちにとっての理屈かもしれませんが、沖縄の側からみると差別を見据えることができない人たちと本当に連帯できるのか、という問いかけになります。

元山　沖縄出身の共産党員では、1922年7月の日本共産党創立に参画した徳田球一《とくだきゅういち》（1894〜1953年）が有名です。徳田球一は深刻な沖縄差別をみずから経験しているはずですが……。

佐藤　徳田球一の時代には共産党は沖縄独立論を唱えていました。徳田球一は国頭《くにがみ》郡名護村（現・名護市）の出身です。父親は九州出身ですが、自らは沖縄人という意識を強く持っていて沖縄人連盟のナンバー2でもあった。そして沖縄独立論を唱えました。共産党が武装闘争路線を展開しているときの指導者です。

　1950年、徳田球一はGHQ（連合国軍総司令部）のマッカーサーから公職追放（レッド・パージ）の指令が出され、逮捕状も出されます。このため徳田球一らは共産党中央委員会を解体して非合法活動に移行（50年分裂）し、10月に中国に亡命して徳田機関をつくります。

　ところが、1955年7月に開かれた日本共産党第6回全国協議会（六全協）で、共産党は武装闘争路線を自己批判しました。徳田らの主張は間違った路線であると断罪され、共産党は沖縄についてなにも語らず、いつのまにか復帰論になってしまいました。ところが50年分裂時に沖縄出身の若者たちは武装革命をやらないといけないと思って一生懸命頑張りました。そのことを日本共産党は組織としてどう思っているかに私は関心があります。

沖縄の共産党は、米軍の反共政策もあったために、共産党と名乗れず人民党という名称で活動していました。この当時は差別反対闘争も含め、沖縄的なアイデンティティはあったのですが、日本共産党との合同を遂げてからは、先も話したように「沖縄人」は存在しないという発想です。だからいまの沖縄人の共産党員は、深刻なアイデンティティの危機に直面していると思います。

元山　ただ、辺野古への新基地建設は明確な沖縄差別ですよね。

佐藤　その通りです。ただし、差別が構造化されているとき、差別をしている側は差別をしているという現実を認識していないことがほとんどです。

サンフランシスコ平和条約（1952年4月28日発効）で日本が主権を回復したとき、日本にある米軍基地は90％・沖縄にある米軍基地は10％でした。1972年5月15日の沖縄復帰時には50％対50％。そして現在は26・2％対73・8％です。国土面積の0・6％に過ぎない沖縄にどんどん米軍基地の割合が増えています。

元山　沖縄の米軍基地の割合は以前から高止まりしていると多くの日本人が思い込んでしまっていますね。

佐藤　日本には都道府県がありますから、47人学級に例えましょう。沖縄君は53年には便所掃除を月（30日）に3日間やっていましたが、72年には月に2週間になりました。そしていまは月に3週間も一人で便所掃除をやらされています。中央政府は、沖縄君の便所掃除を3時間減らすと言っています。
米軍普天間基地が閉鎖されると、沖縄の米軍基地は73・8％から73・1％に減りますから。そして3時間減らす代わりに廊下掃除もしろと言われているわけです。なぜならば、辺野古の新基地にはオスプレイが100機駐留できますし、航空母艦も横付けできるわけです。これは理不尽だと沖縄君が言っても、多数決を取ると、1対46で決まってしまう。理由は何だと聞くと、「沖縄君は便所に席が近いからだ」という理屈です。これが差別でないならなんだというのでしょうか。

元山　逆に言えば、沖縄は加重負担は甘受しているわけです。米軍基地はすべて出て行けとか、日米安保条約を破棄しろ、という主張はもちろんありますが、多数にはなっていません。

佐藤　そうです。反基地闘争なら、伊江島の補助飛行場や嘉手納飛行場（嘉手納町）なども返せという主張になりますが、オール沖縄の闘争はそうなっていません。受任の限度を超えている、人を差別するのもいい加減にしろ、という怒りです。
しかも、辺野古への新基地建設は、仲井眞弘多《なかいまひろかず》知事（2期、2006〜2014年）に圧力をかけ、あたかも民意であるかのように偽装して造ろうとした。そのすべてが差別にまみれているわけです。

仲井眞前知事と日本への過剰同化

元山　仲井眞知事は2010年4月26日に開かれた「米軍普天間飛行場の早期閉鎖・返還と、県内移設に反対し、国外・県外移設を求める県民大会」のあいさつで「戦争の痕跡はほとんどなくなったが、米軍基地はほとんど変わることなく目の前に座っている。日本全国で見れば明らかに不公平、差別に近い印象を持つ」と指摘しました。このとき「差別に近い」と発言しています。

また、オスプレイの米軍普天間飛行場配備について森本敏防衛相（当時）と会った2012年7月1日には面談後、仲井眞知事は記者団に「配備を強行したら、全基地即時閉鎖という動きに行かざるを得ない」とまで発言していました。

佐藤　当時、仲井眞さんは本心からそのように思っていたと思います。それが、ぎりぎりのところで辺野古新基地建設になったときに、おそらく安倍政権によって密室で脅されたのではないでしょうか。私たち沖縄人が一番見たくない沖縄人の姿をあそこで見てしまった。私たち一人ひとりの誰しも、そのような側面がいくらかはあると感じている日本に過剰同化する姿です。

元山　たしかに13年12月27日に、仲井眞知事が米軍普天間飛行場の「県外移設」公約を覆し、代替新基地となる名護市辺野古埋め立てを正式承認したのは衝撃的でした。『琉球新報』

の松元剛編集局報道本部長（当時）は次のように論評しています。その一部を少し長いですが、紹介します。

〈クリスマスの日、首相官邸を舞台に、沖縄への誤解を増幅させる壮大な「詐術」を帯びた劇が日本中を相手に演じられた。「だまし絵」と言い換えてもいい。演出・脚本は菅義偉官房長官、演じる役者は安倍晋三首相と仲井真知事だ。

「普天間飛行場の5年以内の運用停止」に言及しなかったことに象徴される、基地負担軽減の担保にならない〝口約束〟に応じ、仲井真知事は「驚くべき立派な内容」「有史以来の予算」「私は（首相の）応援団」「良い正月を迎えられる」と安倍首相を絶賛した。基地の重圧にあえぐ沖縄の知事が、ここまであけすけに時の首相を持ち上げる卑屈な姿を見せたのは、有史以来初めてだ。さらに、知事は「140万県民を代表してお礼する」と述べた。「県外移設」を切望する足元の民意に背を向ける知事が、県民の「代表」を標榜することに強烈な違和感を抱く。

仲井真氏は、「沖縄は金で転ぶ」という安倍政権による印象操作に手を貸し、オール沖縄の世論を割る役回りを演じた。安倍首相の高笑いが聞こえるようだ。政権に従う側とあらがう側をいがみ合わせて力をそぎ、権力側の思惑通りの展開にする。沖縄の知事が、「植民地統治」の核心である「分断統治」に加担してしまう責任はあまりに重い。

もはや、知事としての適格性は失われたに等しい。承認との判断を下すなら、職を賭し

て県民の審判を受けることが筋だろう。〉(『琉球新報』公式サイト、2013年12月27日)

佐藤 仲井眞さんは知事を辞職しませんでしたが、任期満了に伴う2014年の県知事選で県民の審判が出ましたね。仲井眞さんをあそこまで追い込んだ中央政府の同化圧力を私は憎みます。でも一回ルビコン川を渡ってしまうと、仲井眞さんは翁長県政を攻撃することでしか生き残れないわけです。本当はそういう人ではないと思います。

さて、辺野古の闘いを通じて沖縄の世論が変化したことが二つあります。

一つは差別です。構造化された差別という言葉がきちんと使われるようになってきました。もう一つは、沖縄の人や沖縄県民という言葉と平行して「沖縄人」という言葉が出てくるようになったということです。

元山 確かに少し前まで沖縄人という言葉を公ではあまり聞きませんでした。

佐藤 自己決定論の高まりとともに明らかに沖縄人の自己意識が変容しています。元山さんたちが琉球という言葉を団体名に使うのも、その文脈から捉えることができます。

沖縄にいる人々の自己認識には4つのカテゴリー(範疇《はんちゅう》)があります。

①自分たちは完全な日本人である——沖縄は単なる出身地に過ぎず、日本民族に完全に包摂されている。もし沖縄人という言葉があるとしたら、それは福島人や東北人、大阪人などと同じ意味合いである。

ところが、この①に属する人々、つまり沖縄人という要素はまったくないと強調している西銘恒三郎《にしめこうざぶろう》衆議院議員（自民党沖縄県連会長）や一部の県議たちにしても、そのことを強調するということは、裏返して言えば潜在意識のなかには抑圧されているという感覚があるということです。

②自分たちは沖縄系日本人である——ルーツは沖縄であり独自の文化を持っている。日本人と異質なところもあるが、基本的には日本人である。日本語も日常的に使っている。

③自分たちは日本系沖縄人である——日常的には②と同じだが、沖縄の死活的利益にかかわるとき、いまだと辺野古への新基地建設がこれにあたりますが、この死活的利益にかかわるときは沖縄を選ぶ。あるいは日本人か沖縄人かという二者択一を迫られたら沖縄を選択する。

④自分たちは日本人ではない——沖縄という言葉は日本人によって押しつけられたし、日本による植民地支配以外のなにものでもない。だから民族自決権を行使して直ちに独立すべきである。

元山　①～④の割合はどのぐらいなのでしょうか。

佐藤　具体的な統計的な調査はありませんが、目の子勘定で①と④はそれぞれ5％以下ではないでしょうか。残りの90％の人々は②と③の間で揺れているということだと思います。そして、以前は②の人々が多かったのですが、翁長知事をはじめ保守系の人々も③に移行していきます。でも、なぜ揺れているかというと、日本人の無理解に基づく差別を沖縄人が実感するようになったからです。
　逆の言い方にすると、沖縄は日本の植民地ですが、初代沖縄開発庁長官を務めた山中貞則《やまなかさだのり》（1921〜2004年）にしても、首相時代に普天間飛行場の移転を米国からとりつけた橋本龍太郎（1937〜2006年）にしても、巧みな植民地支配をしていたわけですよね。沖縄をコーナーにはけっして追い詰めないような形での支配です。ところがいまの政権の人たちは、その前の民主党の人たちを含めて、植民地支配に無自覚だから、差別の実態が可視化されました。だから不可逆的な変化を沖縄にもたらした。この変化はもう元には戻りません。

元山　沖縄の死活的利益にかかわる問題で沖縄を選ぶ人たちが多数であれば、辺野古への新基地建設は不可能ですね。

佐藤　不可能です。しかし、反対闘争に対して中央政府が暴力的な弾圧を行なえば流血の事態となります。かりに中央政府が沖縄人を何十人も殺して、建設を強行したとしましょう。どんな事態が生じると思いますか。

元山　想像したくありませんが、暴動でしょうか。

佐藤　暴動は起きないと思います。なぜなら暴力では中央政府に勝てませんから。暴力的なことはしない代わり、デモや大規模集会などの大衆示威行動は繰り返されるでしょう。

元山　やはり、非暴力・不服従の闘いが重要なのですね。

佐藤　われわれ沖縄人は時間をかけてでも一歩一歩かけて主権を回復する。
　最終的に日本との連邦制になるかどうか、主権回復の形態はわかりませんけどね。そして、100年かけてでも辺野古の海を埋めた土を掘り返して原状復帰させます。
　それは、韓国人が朝鮮総督府の庁舎（ソウル特別市、1926〔大正15〕年建設）を1995年に解体したのと同じように。この庁舎が15日韓併合の屈辱の象徴であったのと同じように、辺野古新基地は日米両政府による沖縄差別、特に日本政府による沖縄差別の象徴となります。だから、辺野古新基地の解体が沖縄のアイデンティティにとって重要課題となります。そのような課題を立てた場合、日本人と沖縄人の間には少なくとも100年経っても埋まらない溝ができる。そのことを中央政府はよく理解していない。
元山　なぜ、このように単純明快なことを中央政府は理解できないのですか。
佐藤　愚かだからです。でもこれには悪気がない。だからたちが悪い。悪気があってワザとやっていれば矯正《きょうせい》できますが、自然にやっていることは矯正不能だからです。でも、こんな例はヤマほど外交官時代に見てきました。
元山　どのような事例でしょうか。
佐藤　ソ連時代、モスクワの指導者たち、つまり政権中枢のロシア人はバルト三国（エストニア・ラトビア・リトアニア）の独立機運をまったく理解できませんでした。そして、ソ連邦崩壊後にロシア連邦の初代大統領となったエリツィン（1931〜2007年）たちは、バルト三国の独立を支持していましたが、ロシア連邦からの独立を願うチェチェン人たちの気持ちをまったく理解できませんでした。ソ連邦においてもロシア連邦においてもロシア人の占める割合は相対的多数にすぎません。ソ連時代はロシア人は5割強、ロシア連邦では約7割です。それでも、相対的な少数者の考えが皮膚感覚で理解できないのです。そうすると、日本国において99％を占めている日本人が、1％に過ぎない沖縄人が持っている心の襞《ひだ》や澱《おり》がわからないのはある意味では当然なのです。そうすると、あの99％の人たちにわからせるという非常に重要な課題が出てくるわけです。

元山　すごく難しい問題ですね。どうすれば届くのでしょうか。

佐藤　たぶん届かないと思います。でもあきらめてはいけません。でも、そうすると、右の側の同化政策だけでなく、左の陣営の同化政策も批判しないといけません。

元山　それは沖縄ナショナリズムだと攻撃してくる人が出てきませんか。

佐藤　そのような批判に対しては、沖縄ナショナリズムのなにが悪い、と応えるしかないと思います。

元山　それは、そうですね。

琉球語の回復に取り組む意義

佐藤　辺野古の埋め立て承認取り消しをめぐって、中央政府が翁長知事を訴えた代執行訴訟で2016年3月4日、福岡高裁那覇支部で和解が成立しました。1年ぐらい工事は中断する予定で、事態に少し余裕ができました。この時間を活用して、琉球語の回復に尽力することが大切だと考えています。

元山　琉球語は各地域によって異なり、いわゆる標準語がありません。

佐藤　その通りですね。だから、沖縄2紙でも琉球語に対する方向性が違います。『沖縄タイムス』は各地域の島言葉を平等に発展させようという考え方であって、この視点では観光名物のお国言葉で終わってしまいます。つまり政治的な力を持たないということです。

政治的な力を持つためには、日本政府との条約を琉球語で締結できる琉球標準語をつくらないといけない。これは翁長知事や『琉球新報』の方向性であると私は理解しています。琉球標準語をつくるには、過去の蓄積からしてどうしても首里と那覇の言葉を基礎としたうえでの琉球語の再編にならざるを得ない。これに対しては、言語帝国主義との批判も出てくるでしょうが、他に方法がないと思います。翁長県政は取り組んでいくと思いますが、言語を文字で正しく記述する際のルールである正書法を定める必要があります。

まず、日本の中央政府と条約を締結するときに正文として用いることができる琉球語を確立し、それからさまざまな方言を発展させていけばいい。

元山　たしかに翁長知事は、しまくとぅば県民大会（沖縄県、沖縄県議会主催）にも熱心だと聞いています。

ところで、子どもの貧困の問題はどう考えていますか。『沖縄タイムス』は2016年1月に次のように報じました。〈沖縄県内で必要最低限の生活を保つための収入がない人の割合を示す「絶対的貧困率」は、2012年に34・8％、また18歳未満の子どもがいる世帯の「子どもの貧困率」は同年で37・5％といずれも都道府県別で最悪、さらに伸びも全国平均を大きく上回ることが、山形大の戸室健作准教授の研究で4日、分かった。県内で3世帯に1世帯は貧困状態にあり、その層が急速に拡大していることが明らかになった。〉（『沖縄タイムス』公式サイト、1月5日）

佐藤　おっしゃるとおり、中央政府の差別的な施策によって、子どもの貧困が拡大しています。この問題には緊急に対策が必要です。食品会社などから提供を受けた食品を困っている人々に供給するセカンド・ハーベスト（フードバンク）活動にはすぐにでも取り組まないといけません。その際に中央政府のカネを使うのは機動性が悪いし、モラル的にもよくないので、基金をつくって寄付を呼びかけたらよいと思います。辺野古基金だってできたわけですから。

そして、セカンド・ハーベストに携わる人は無償ボランティアでなく、最低賃金を基準にした有償ボランティアにすべきです。ただでは長続きしません。

もう一つ、学習塾に行かせられない家庭の子ども、学力がどうしても遅れがちになる子どもたちのために、勉強を教える大学生・大学院生に最低賃金を払う教育ボランティア制度を整えるべきです。住民の生活向上のために助力する社会事業「セツルメント」のイメージで、子どもの学力の面倒をみてゆく。

こういった方法で沖縄の基礎体力をつけ、しかも公的扶助に依存しないような状態を将来にわたってつくる可能性ができます。そして、これが沖縄型の経済成長戦略になると思います。とにかく、いろんな形で沖縄には差別が埋め込まれ、自信を失うように仕組まれています。

元山　自信といえば教育はどうでしょうか。2007年度に復活した全国学力テストでは、沖縄県は平均正答率が小中学校とも全国最下位だったのみならず、大きく引き離されていたことが教育関係者や保護者らにショックを与えていると言われています。

佐藤　それはまったく気にする必要がありません。学識が沖縄の生活のなかで生きているからです。それは沖縄の新聞の購読率や、沖縄二紙の内容の難しさ、特に文化面のレベルの高さでわかります。それに、沖縄県に在住する沖縄人は新聞を本当によく熱心に読んでいます。沖縄の救いの一つは、新聞を通じて世論の形成がまだ可能なことです。

元山　新聞を読むだけで十分勉強になるということですね。私も必ずチェックするようにしています。

佐藤　全国紙は基本的によく出来ています。日本の内政については、沖縄と創価学会以外については新聞を読んでいればまず外しません。

元山　逆に沖縄については全国紙の論評はズレることがありますね。

佐藤　だから『琉球新報』『沖縄タイムス』を読むことが大切です。電子版をできれば両方読んで下さい。

元山　もちろんです。それと、気になることがあります。『琉球新報』は２０１６年1月17日告示、24日投開票の宜野湾市長選で電話による世論調査を15〜17日の３日間行ないましたが、実際の投票結果と10％ぐらいズレが生じました。〈翁長県政与党の支援を受ける新人の志村恵一郎氏（63）と現職の佐喜真淳氏（51）＝自民、公明推薦＝が横一線で激しく競り合う展開になっている〉（『琉球新報』公式サイト、２０１５年12月29日）と報道しましたが、実際の得票数は、投票者総数４万９８３９票のうち、佐喜真さん2万７６６８票（55・5％）・志村さん2万１８１１票（43・7％）でズレが生じました。

佐藤　『琉球新報』の世論調査には正確に答えないようにと、首相官邸が指示を出していたのではないかとみています。『沖縄タイムス』は提携関係にある『朝日新聞』の名で世論調査をしたと聞いています。いずれにせよ『琉球新報』以外の世論調査結果ではズレが出ていないようですから、『琉球新報』にだけは本当のことを言わないように指示が出たのでしょう。それほどまでに、首相官邸は『琉球新報』が怖いのですね。こういう姑息《こそく》な手口で『琉球新報』の信頼を低下させようとしていますが、逆に言えばその程度のことしかできないのです。宜野湾市規模の大きさだから、こういった〝操作〟も可能ですが、沖縄全県では不可能です。

元山　そんなことがあるんですか……。状況は楽観視できないですけれども、沖縄の未来は私たち一人ひとりが変えていける、希望はつくれると信じています。本日はいろいろと貴重なお話をありがとうございました。

佐藤　これからも一緒に頑張りましょう。

２０１６年４月21日、東京にて

元山仁士郎（もとやま・じんしろう）
１９９１年生まれ、沖縄県宜野湾市出身。普天間高校卒業後、国際基督教大学に進学。現在、ＳＥＡＬＤｓ、ＳＥＡＬＤｓ ＲＹＵＫＹＵメンバーとして活動している。

本書は、『週刊金曜日』の連載「飛耳長目」の沖縄に関する論考などを加除修正した上で編集したものである。

それにシールズ琉球共同代表の元山仁士郎さん（国際基督教大学学生）との対談が収録されている。

佐藤　優（さとう・まさる）
1960年、東京都生まれ。作家。
著書に『獄中記』（岩波書店）、『国家の罠』（新潮社）、『宗教改革の物語――近代、民族、国家の起源』（角川書店）、共著に『はじめてのマルクス』（金曜日）、『反知性主義とファシズム』（同）など多数。

沖縄と差別

2016年7月27日　初版発行

著　者　　佐藤　優
発行人　　北村　肇
発行所　　株式会社金曜日
〒101-0051　東京都千代田区神田神保町2-23　アセンド神保町3階
URL　http://www.kinyobi.co.jp/
（業務部）03-3221-8521 FAX 03-3221-8522
Mail　gyomubu@kinyobi.co.jp
（編集部）03-3221-8527 FAX 03-3221-8532
Mail　henshubu@kinyobi.co.jp
印刷・製本　　精文堂印刷株式会社

ISBN978-4-86572-011-2　C0036